Lisa

Richard Maxwell
Johanna Sharples

Sanfte Pferdeausbildung

vom Join-up zum Anreiten

Sanfte Pferdeausbildung

vom Join-up zum Anreiten

Richard Maxwell
Johanna Sharples

Müller Rüschlikon

Einbandgestaltung: Nicole Lechner

Fotos: Bob Atkins

Eine Haftung des Autors oder des Verlages und seiner Beauftragten für Personen-, Sach- und Vermögensschäden ist ausgeschlossen.

ISBN 3-275-01328-9

2. Auflage 2002

Deutschsprachige Ausgabe:
Aus dem Englischen übersetzt von Bettina Borst

Textredaktion: Marie Luise Bezzenberger
Innengestaltung: Katharina Jüssen
Druck und Bindung:
Fotolito LONGO, I-39100 Bozen
Printed in Italy

Inhalt

Einleitung

In der Wildnis ist ein Pferd problemlos in der Lage, für sich selbst zu sorgen. Seit Tausenden von Jahren hat es das äußerst erfolgreich getan. Dann aber haben wir uns angemaßt, das Pferd zu zähmen und es in einer Umgebung zu halten, auf die es keinen Einfluss hat. Wir haben dem Pferd seine Freiheit genommen und die Verantwortung für seine Bedürfnisse übernommen, und wir verlangen von ihm, dass es uns dient und unseren Befehlen gehorcht. Glücklicherweise hat es uns unsere Arroganz verziehen, und sobald wir in seinen Augen den Titel des »Herdenführers« verdient haben, ist es von Natur aus so großzügig und kooperativ, dass es sich unseren Forderungen fügen wird, falls sie halbwegs vernünftig sind, und dass es sein Bestes tun wird, um uns zu Gefallen zu sein.

Jeder, der die Verantwortung für ein Pferd übernimmt, muss seinem geistigen Wohlergehen ebenso viel Aufmerksamkeit widmen wie seiner körperlichen Gesundheit. Zu guter Pferdehaltung gehört mehr als nur Futter, Wärme und Wasser – sie muss den Bedürfnissen des Pferdes gerecht werden

und Verständnis für die natürlichen Instinkte ausdrücken, die das Verhalten des Pferdes bestimmen. Ein toller Stall, neue Pferdedecken und ein sauber verzogener Schweif sind vielleicht befriedigend für den Pferdebesitzer; dem Pferd aber ist es viel wichtiger, dass es ausreichend Bewegung hat, oder dass es sich zur Entspannung auch einmal auf der Weide in einer Schlammpfütze wälzen und mit seinen Freunden grasen kann.

Da wir es waren, die das Pferd in eine Situation gebracht haben, in der es nicht mehr selbst für sich sorgen kann, sind wir es ihm schuldig, uns nach Kräften zu bemühen, den geistigen und körperlichen Bedürfnissen des Pferdes gerecht zu werden. Wir müssen dafür sorgen, dass es wirklich auf die Aufgabe vorbereitet ist, die wir ihm stellen; wir müssen einfühlsam sein und Verständnis aufbringen, wenn das Pferd Anzeichen von Widerstand zeigt. Meiner Erfahrung nach wird ein Pferd mit dem Menschen zusammenarbeiten, wenn es nur irgend kann – aber genau wie wir arbeitet auch ein Pferd lieber mit jemandem zusammen, wenn das, was es tun soll, ihm Spaß macht und wenn es die Person, die dieses Tun von ihm verlang, respektiert. Wenn ein Pferd plötzlich »schwierig« wird, gibt es immer gute Gründe dafür, dass das Pferd das Gefühl hat, nicht in der Lage zu sein, das zu tun, was man von ihm will; und es wird darüber genauso unglücklich sein wie der betroffene Mensch. Sucht man nach dem Problem, das dieser Situation zugrunde liegt, wird man auch die Lösung finden.

Man kann Pferde jeden Alters korrigieren; das größte Lernpotential haben sie jedoch in der Zeit zwischen der Geburt und dem Anreiten. Danach fügen sie dem Gelernten zwar noch Erfahrungen hinzu, grundsätzliche Veränderungen finden jedoch nicht mehr statt. Ich hoffe, dass dieses Buch Pferdebesitzern zeigen wird, wie sie ihrem Pferd grundlegende Lektionen beibringen können, die es auf sein zukünftiges Leben vorbereiten. Selbst wenn man ein Jungpferd nicht selbst behalten will, ist es nur fair, ihm einen guten Start ins Leben zu verschaffen – ein gut erzogenes Pferd wird später nicht so schnell Gefahr laufen, misshandelt zu werden und hat eine viel bessere Chance, einen guten Platz zu finden.

Vor allem aber sollte jeder Pferdebesitzer daran denken, dass das Pferd ihn viel mehr lehren kann, als er jemals dem Pferd beibringen wird. Wer ein Pferd besitzt, muss nur bereit sein, zuzusehen, zuzuhören und zu lernen.

Richard Maxwell

ANMERKUNG DER AUTOREN

Richard Maxwell zieht es vor, beim Umgang mit Pferden keine Schutzkleidung zu tragen, was auf den Fotos in diesem Buch deutlich wird. Wir möchten unseren Lesern allerdings raten, beim Umgang mit jungen Pferden immer geeignete Schutzkleidung zu tragen.

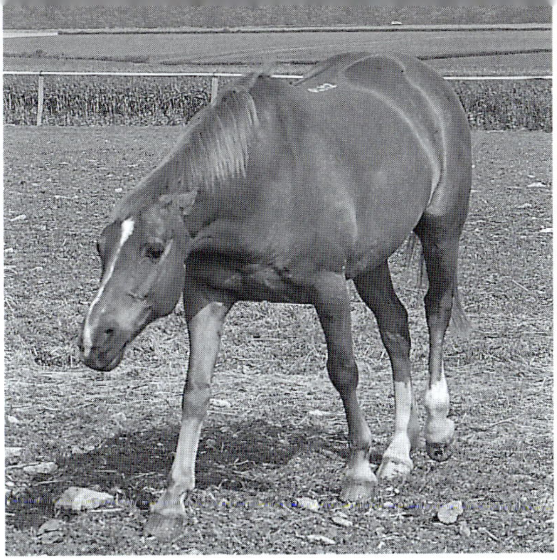

Kapitel 1
Die Grundlagen der Körpersprache (Jedes Alter)

Bevor Sie einen anderen Menschen wirklich verstehen und wissen können, was ihm wichtig ist, müssen Sie ihn einige Zeit beobachten und mit ihm umgehen. Sie müssen seine Vorlieben und Abneigungen ebenso kennen wie seine guten und schlechten Angewohnheiten. Sie sollten herausfinden, wie er sich benimmt, wenn er sich bei Freunden entspannt, aber auch, wie er sich verhält, wenn er auf seine Arbeit konzentriert ist. Allmählich werden sich Verhaltensmuster herauskristallisieren, und Sie werden anfangen, vorauszuahnen, wie der andere reagieren wird, und zu lernen, wie er mit einer bestimmten Situation umgehen wird. Je mehr Sie über diese Person lernen, desto besser werden Sie mit ihr umgehen und kommunizieren können. Versuchen wir doch einmal, dasselbe mit dem Pferd zu tun.

Jeder, der gut mit Pferden umgehen kann, versteht, wie wichtig es ist, dass man sein Pferd »kennt«. Dies sollte jedoch einen Schritt weiter gehen als zu wissen, wie hoch seine Ruhepulsfrequenz sein sollte und ihm sein Lieblingsfutter zu kaufen. Damit ein Pferd willig für seinen Menschen arbeitet, muss man etwas über dieses Pferd herausfinden; man muss verstehen, wie es denkt und seine Eigenheiten respektieren. So kann es beispielsweise ein selbstsicherer Pferdebesitzer ignorieren, wenn sein Pferd beim Zurechtrücken der Stalldecke oder beim Füttern die Ohren zurücklegt, weil dieser Pferdebesitzer aus Erfahrung weiß, dass dies nur leere Drohungen sind, die nichts zu bedeuten haben. Ein Fremder allerdings wird ein wenig vorsichtiger sein, denn für die meisten Menschen signalisiert ein Pferd mit zurückgelegten Ohren aggressive Absichten. Diese Ansicht könnte dazu führen, dass der Mensch seinerseits aggressiv reagiert oder vielleicht vorsichtshalber eher defensiv mit dem Pferd umgeht.

Ob auf der Weide oder im Stall - nehmen Sie sich die Zeit, Ihr Pferd in Ruhe zu beobachten. Mit wem ist es befreundet? Welchen Platz nimmt es in der Rangordnung ein? Wie sieht sein Tagesablauf aus, wenn es selbst darüber entscheiden kann? Wie geht es mit Neulingen um?

Nun ist es jedoch alles andere als sinnvoll, ein Pferd dafür zu bestrafen, dass es seinen Gefühlen Ausdruck verleiht. Wenn man heftig an irgendwelchen bedeutungslosen Angewohnheiten herumkuriert, hat man keinen Spielraum mehr, in dem man sich mit ernsthafteren Problemen auseinander setzen kann, falls sie einmal auftauchen. Eine echte Partnerschaft mit einem Pferd, egal welchen Alters, entsteht, wenn man das, was man vom individuellen Charakter dieses Pferdes weiß, zu dem addiert, was für die gesamte Spezies Pferd gilt – und dann das Ganze mit Respekt behandelt. Ebenso wie bei Menschen kann man am meisten über den Charakter eines Pferdes lernen, indem man es beobachtet, wenn es entspannt ist, in den privateren Augenblicken »hinter den Kulissen«. Beobachten Sie einmal, wie es sich in der Herde verhält. Das ist ein guter Ansatzpunkt, um Informationen zu sammeln, die Ihnen später bei der Ausbildung dieses Pferdes helfen werden. Dazu müssen Sie wissen, wie das Pferd von den anderen Herdenmitgliedern angesehen wird – ist es eher aufmüpfig oder eher unterwürfig? Dieses Wissen kann als Leitfaden für Ihre eigenen Reaktionen auf das Pferd dienen, und Ihnen helfen, in der Ausbildung die richtigen Entscheidungen zu treffen. Dies ist auch ein guter Grund dafür, ein Pferd niemals allein zu halten: es liegt in Ihrem eigenen Interesse, das natürliche Herdenverhalten des Pferdes zu unterstützen und es für Ihre Zwecke zu nutzen. Damit Sie einen Gesamteindruck von Ihrem Pferd bekommen, müssen Sie sich noch einmal das Pferd in der Wildnis vor Augen halten.

Herdenverhalten

In einer Herde wilder Pferde findet man typischerweise traditionelle Familienhierarchien vor. Die Familie besteht aus Müttern und Kleinkindern sowie den Teenagern, die noch zu jung sind, um sich fortzupflanzen. Dann gibt es noch eine Matriarchin, die dem Haushalt vorsteht, und eine Vaterfigur, die sich aus dem häuslichen Kleinkram heraushält. Eine Herde wird vom Hengst angeführt; dazu kommen fünf bis zwölf Stuten mit Fohlen bei Fuß sowie Jährlinge und ältere Jungstuten, die selbst noch keine Fohlen haben. Die Natur sorgt dafür, dass nicht allzu viel Inzucht vorkommt, weil nur die stärksten Hengste im besten Alter ihre eigene Herde haben und schwacher Nachwuchs den Raubtieren zum Opfer fällt. Junghengste, die zwei Jahre oder älter sind, werden vom Hengst vertrieben; sie schließen sich zu Junggesellengruppen zusammen, in denen sie miteinander Kämpfe ausfechten, um ihre Kraft aufzubauen, und auf ihre Chance warten, einem anderen Hengst die Führungsposition in einer Herde streitig zu machen.

Die dominante Stute kümmert sich um die alltäglichen Abläufe in der Gruppe und ist für die Disziplin innerhalb der Herde zuständig. Sie ist Haushaltsvorstand, Ehefrau, Mutter und Lehrerin in einem. Da gibt es kein »Warte nur, bis dein Vater nach Hause kommt« – sie führt das Regiment, und die Jungpferde wissen das. Wenn jemand sich zu viel herausnimmt, nimmt sie sich den Frechling vor und schickt ihn mit aggressiver Körpersprache von der Herde weg. So wird er für sein Fehlverhalten vorübergehend zum Geächteten – wie ein Kind, das in sein Zimmer geschickt wird. Der Unterschied besteht darin, dass ein Pferd in der Wildnis nur in der Herde sicher ist. Wenn dieses unartige Kind sich also nicht auf seine Manieren besinnt, könnte es angegriffen und gefressen werden, solange es da draußen auf sich allein gestellt ist. Deswegen bemüht es sich nach kräften, sich die Gunst der Chefin wieder zu sichern. Die dominante Stute achtet genau darauf, ob der Sünder Reue und unterwürfiges Verhalten zeigt. Erst wenn sie das Gefühl hat, dass er sich ausreichend entschuldigt hat, erlaubt sie ihm, zur Herde zurückzukehren.

AGGRESSION

Ein dominantes Pferd kann die folgenden Signale verwenden, um ein anderes Pferd von der Gruppe wegzutreiben: Ohren flach angelegt, Maul und Nüstern verkniffen, Zähne gebleckt, Schweif hoch erhoben, Nüstern gebläht, direkter Augenkontakt und einschüchternde Haltung, Zugehen auf das andere Pferd.

UNTERWERFUNG

Das Pferd, das einen Fehler begangen hat, wird sich das Maul lecken und kauen, Kopf und Hals senken und das Maul knapp über dem Boden halten. Es wird die Überlegenheit des dominanten Pferdes dadurch anerkennen, dass es das innere Ohr zu ihm gerichtet hält, wird aber keinen direkten Augenkontakt wagen und sich vor dem dominanten Pferd zurückziehen.

PASSIV

Die folgenden Anzeichen sind typisch für eine passive Haltung: die Ohren sind nach hinten gedreht oder hängen schlaff zur Seite, die Augen wirken »schläfrig«, die Muskeln im Bereich von Maul und Nüstern sind schlaff, die Unterlippe hängt herunter, ein Hinterbein wird abgekippt, der Schweif hängt locker herab.

Zu der Verantwortung, die der Mensch für das Pferd übernimmt, gehört auch, dass man ihm erlaubt, normales Verhalten so weit wie möglich auszuleben, auch wenn die meisten Pferde unter höchst abnormalen Verhältnissen gehalten werden.

Pferde sind Herdentiere und freuen sich über Gesellschaft – egal welcher Art!

Das Konzept, dass die Herde die »Komfortzone« darstellt und dass ›Gesellschaft‹ gleichbedeutend mit ›Sicherheit‹ ist, ist die Quintessenz der Methoden für den Umgang mit Pferden, die mir der kalifornische Ausbilder Monty Roberts vermittelt hat. Diese Form einer naturgemäßen Disziplinierung ist die Basis für die Methoden, die Sie vom ersten Tag an bei der Erziehung Ihres Pferdes einsetzen sollten. Sie ist so tief in der Psyche des Pferdes verankert, dass man sich ihrer auch bedienen kann, um ältere Pferde sicher und wirkungsvoll zu korrigieren. Der Grund dafür, warum diese Methoden so viel schneller und wirkungsvoller sind als andere, liegt darin, dass man selbst bei einem Pferd, das bisher noch nichts mit Menschen zu tun hatte, schon halb am Ziel ist, bevor man überhaupt angefangen hat – man wiederholt nur das, was seine Instinkte das Pferd seit Tausenden von Jahren bereits gelehrt haben, und man spricht dabei eine Sprache, die es bereits versteht. Das Wichtigste ist dabei, das Pferd dazu zu bringen, den Menschen als Ersatz-›Herde‹ oder Komfortzone anzusehen,

Die gesamte Physiologie des Pferdes legt Zeugnis von seiner Existenz als Fluchttier ab.

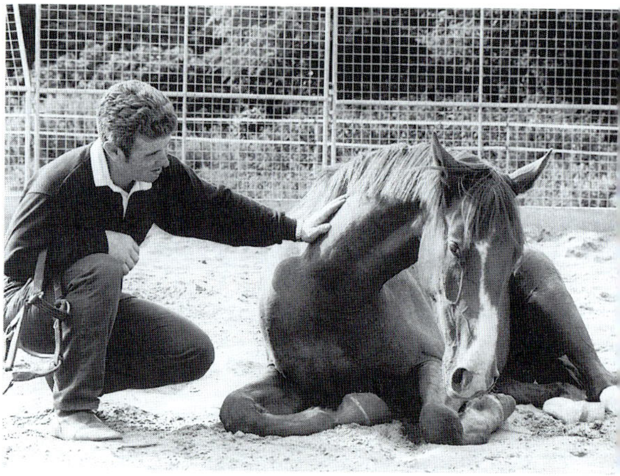

Das Pferd sollte sich in der Gesellschaft seines Besitzers vollständig sicher fühlen.

zu der es zurückkehren will – egal, ob man einem Fohlen das Tragen eines Halfters schmackhaft machen oder ein Verhaltensproblem bei einem älteren Pferd lösen will. Jedes Mal, wenn ich ein Pferd für die ersten Schritte mit in den Round Pen nehme (siehe Kapitel 6), wird mir bestätigt, dass diese Methode der naturgemäßen Disziplinierung funktioniert.

Kampf oder Flucht

Der kleine Magen des Pferdes ist anfällig für Koliken und Verstopfungen, wenn er nicht ständig Rauhfutter und mehrere kleine Mahlzeiten pro Tag erhält (entgegen einer landläufigen Meinung wurde der Pferdemagen nicht extra dafür entworfen, den Pferdehaltern das Leben schwer zu machen!). Der Grund dafür liegt darin, dass das Fluchttier Pferd es einfach nicht riskieren kann, sich mit vollem Bauch erwischen zu lassen, der es beim Laufen behindert – wenn zum Beispiel gerade ein Löwe vorbeikommt. Die beweglichen Ohren des Pferdes, seine Rundumsicht, die großen Nüstern und die empfindliche Haut lassen es auch die kleinste Veränderung seiner Umgebung wahrnehmen. Unter diesem Aspekt sollte man sich einmal fragen, warum man bei einem Pferd jemals eine Gerte oder Sporen brauchen sollte – Pferde sind als hochempfindliche Wesen geschaffen; wenn sie eine Fliege spüren, die sich auf ihrem Fell niederlässt, können sie ganz sicher auch den Druck selbst der leisesten Hilfen spüren, die der Reiter gibt.

Ein wildes Pferd muss im Laufe eines 24-Stunden-Tages jederzeit, sieben Tage pro Woche und zwölf Monate pro Jahr, bereit sein, um sein Leben zu laufen. Nur unter extremen Umständen, wenn sein Leben in Gefahr ist und es keinen anderen Ausweg mehr sieht, wird es die zweite Möglichkeit nutzen, die ihm zur Verfügung steht: zu kämpfen. Man findet nur äußerst selten ein Pferd, das von Natur aus wirklich aggressiv oder angriffslustig ist – und in solchen Fällen muss man nach der wahren Ursache dieses Verhaltens suchen, anstatt das Pferd nur dafür zu bestrafen und es damit noch mehr in eine defensive Haltung zu treiben.

Die Physiologie des Menschen zeigt deutlich, dass wir Raubtiere sind. Auf manchen Kontinenten steht neben allem anderen auch Pferdefleisch auf dem Speiseplan. Unsere Zähne und unsere Därme sind darauf ausgerichtet, Fleisch zu verarbeiten, unsere Augen sitzen vorn am Kopf, und wir sind nicht für die Geschwindigkeit gebaut, wie das bei einem Fluchttier der Fall ist. Wenn Sie im Gelände reiten, können Sie oft sehr nahe an Rehe oder andere Wildtiere herankommen, weil Sie auf dem Pferderücken nicht wie ein Raubtier aussehen. Stehen oder gehen Sie dagegen auf den eigenen zwei Beinen, sind Sie sofort als Raubtier erkennbar, so dass jedes Reh Sie sieht und wegläuft, lange bevor Sie selbst es gesehen haben.

Diese ›Denkweise‹ muss jedes Pferd, das in ein domestiziertes Leben geboren wird, erst überwinden. Da hilft nur Geduld; schließlich erwarten Sie von Ihrem Pferd, es möge die Tatsache ignorieren, dass Sie genauso aussehen wie die Raubtiere, die sein Instinkt ihm zu meiden rät! Damit nicht genug, Sie wollen das Pferd auch noch anfassen und möchten, dass es Ihnen erlaubt, sich an seinen Rücken zu klammern, wie es eine Großkatze in der Wildnis tut, die ein Pferd angreift und es zu Fall bringt. Eigentlich verlangen Sie also eine ganze Menge.

Verständnis für die Furcht

Pferde denken wie Pferde, nicht wie Menschen. Im Zweifelsfalle greifen sie auf ihre einprogrammierten Fluchtinstinkte zurück, ohne nachzudenken. Wenn also eine schnelle Reaktion gefordert ist, hat der Körper gar keine Zeit, um eine Nachricht an den bewussten Teil des Gehirns zu senden und nachzufragen, wie man denn dort die Sache sieht und wie die Chancen stehen, wie es am besten reagieren sollte, und ob jetzt nicht die nötigen Hilfsmittel organisiert werden könnten, wie beispielsweise eine schnellerer Herz- und Atemfrequenz... Statt dessen laufen all diese Vorgänge automatisch ab, egal, ob die Angst real oder nur eingebildet ist. Auch Haus-

Taten sagen mehr als Worte, das weiß jedes Pferd. Als Herdentier muss ein Pferd beim Grasen in der Wildnis immer ein Auge auf das haben, was seine Mitpferde ihm sagen. Schließlich geht es hier um Leben und Tod – zwar wird das Hauspferd heutzutage im Allgemeinen weder im Paddock noch im Pensionsstall von einem Wolfsrudel angefallen, aber sein Instinkt sagt ihm, dass es sich darüber trotzdem Sorgen machen muss!

pferde verfügen über die hochempfindliche Wahrnehmung eines Fluchttieres und sind ihr ganzes Leben lang bis zu einem gewissen Maße ihren Instinkten ausgeliefert.

In den englischsprachigen Ländern gibt es das Sprichwort »Vertrautheit schafft Mißachtung«. Man kann ein Hauspferd bis zu einem gewissen Grade ›desensibilisieren‹, so dass es ein weniger beängstigendes Leben führen kann. Indem man es so oft wie möglich mit den Dingen konfrontiert, vor denen es sich fürchtet, wird dem Pferd mit der Zeit klar, dass es sich seiner Angst gestellt *und überlebt hat*. So wird der tiefsitzende Fluchtinstinkt allmählich abgebaut. Dies ist eines der Ziele bei der Ausbildung eines jungen Pferdes und wird in den späteren Kapiteln genauer erklärt.

Die Haltung des Pferdes

Unter natürlichen Bedingungen beansprucht eine Herde zum Grasen ein Gebiet von bis zu 50 Quadratkilometern, so dass Wildpferde nur selten die Probleme haben, mit denen ihre domestizierten Verwandten sich herumschlagen müssen: Würmer, Übergewicht, Gelenkprobleme, zu lang gewachsene Hufe oder einfach Langeweile. Ein wildes Pferd entwickelt nie das, was der Mensch als »Untugenden« bezeichnet, weil es jede Menge Bewegung und viel Abwechslung hat und sich angemessen ernähren kann.

Um körperlich und geistig gesund zu bleiben, sollte jedes Pferd bei jedem Wetter jeden Tag nach draußen kommen. Es sollte dabei so viel Platz wie möglich und außerdem Gesellschaft haben. Jeder Pferdebesitzer sollte sich also darum kümmern, dass sein Pferd mehrere Stunden am Tag die Freiheit hat, in Pferdegesellschaft zu grasen. Besonders wichtig ist das für junge Pferde, die dabei von den anderen Pferden ihre ersten Lektionen in Disziplin bekommen und so einen gesunden Respekt vor dem System einer Herdenhierarchie entwickeln. Vergessen Sie dabei nicht, dass Sie dasselbe System später zur Ausbildung Ihres Jungpferdes nutzen werden – je eher es also damit konfrontiert wird, desto besser.

Wildlebenden Pferden stehen unbegrenzte Mengen von Rauhfutter mit vergleichsweise geringem Nährwert zur Verfügung. Weil sie davon leben müssen, nutzen sich ihre Zähne gleichmäßig ab, ihr Gewicht bleibt konstant und ihr Darm gesund, denn das Verdauungssystem ist ja darauf ausgerichtet, ständig mit geringwertigem Futter versorgt zu werden und das Beste daraus zu machen. Wie die meisten Menschen wissen oder zumindest vermuten, stellt ein gesunder, leistungsfähiger Körper einen großen Schritt in Richtung eines glücklichen und zufriedenen Geistes dar.

Pferdesprache

Welcher Rasse ein Pferd auch angehört, wo es auch herkommt und wie seine gegenwärtige Situation auch aussieht – das Pferd richtet sich immer noch nach den Regeln, denen eine wilde Herde unterworfen ist. Jedes Pferd, ob wild oder domestiziert, kommuniziert auf dieselbe einfache und stark visuell orientierte Weise, die man an Pferden auf der Weide leicht beobachten kann. Die meisten Pferde lernen einige wichtige Wörter wie »Halt« oder »Schritt«, aber nur allzu oft schafft der Mensch Probleme, weil er es nicht fertig bringt, wirkungsvoll mit seinem Pferd zu kommunizieren – und dann bestraft er es für seinen »Ungehorsam«. Das Pferd ist über diese unverständliche Behandlung erstaunt, schließlich aber frustriert und verärgert, und bald finden Pferd und Reiter sich in einem Teufelskreis der Missverständnisse gefangen. Anstatt also zu versuchen, dem Pferd die Sprache des Menschen beizubringen, könnten Sie ihm doch auf halbem Wege entgegenkommen und die Pferdesprache zumindest teilweise lernen. So können Sie nicht nur schneller klarmachen, was Sie wollen, sondern auch die Reaktion des Pferdes interpretieren und eine gegenseitige Konversation aufrechterhalten, selbst wenn Sie die Pferdesprache noch nicht perfekt beherrschen. So brauchen Sie bei der Ausbildung auch nur halb so lange und können doppelt so effektiv arbeiten.

Denken Sie noch einmal daran zurück, wie ein Pferd in der Wildnis seine Lektionen lernt, und übertragen Sie dies auf die Situation des Hauspferdes. Dann sehen Sie auch, wann ein Pferd sich aggressiv verhält. So kann beispielsweise ein dominantes Pferd die folgenden Signale verwenden, um ein anderes Pferd von der Gruppe wegzuschicken: es kann die Ohren flach anlegen, Maul und Nüstern verkneifen, die Zähne blecken, den Schweif hoch erhoben tragen, die Nüstern blähen, direkten Augenkontakt halten und eine frontale Haltung einnehmen, wobei es drohend auf das andere Pferd zugeht. Sein Gegenüber kann darauf unterwürfig reagieren: es wird sich das Maul lecken und kauen, Kopf und Hals senken und die Nase knapp über dem Boden halten. Es wird die Stellung des dominanten Pferdes dadurch anerkennen, dass es ihm das innere Ohr zudreht, wird jedoch keinen direkten Augenkontakt wagen, und es wird sich vor dem dominanten Pferd zurückziehen.

Körpersprache

Trotz all der Jahre der Domestikation versteht immer noch jedes Pferd »Equus«, die Sprache seiner Art, und wird so weit wie möglich so reagieren, wie die Natur es vorgesehen hat. Der größte Teil des Verhaltens, das den Menschen wie Problemverhalten vorkommt, ist tatsächlich reines Instinktverhalten: der starke Selbsterhaltungstrieb des Pferdes befiehlt ihm, aus jeder Situation zu flüchten, in der es sich nicht sicher fühlt, und vor jedem Gegenstand zu scheuen, der ihm bedrohlich erscheint. Dieses Verhalten kann ein Pferd ebenso wenig abstellen wie ein Mensch verhindern kann, dass er zusammenzuckt, wenn ihm jemand unerwartet die Hand auf die Schulter legt. Der gleiche Selbsterhaltungstrieb sagt dem Pferd auch, dass es dort sicher ist, wo viele andere Artgenossen sind, so dass das Fluchttier Pferd vom Instinkt darauf programmiert ist, sich mit anderen anzufreunden und sich Gesellschaft zu suchen, wann immer es möglich ist.

Der Mensch, der mit einem Pferd umgeht, kann sich diesen instinktiven Wunsch zunutze machen. Indem Sie die natürliche Körpersprache des Pferdes imitieren, können Sie wirkungsvoll mit ihm kommunizieren; Sie können ihm Ihre Freundschaft anbieten oder ihm klarmachen, wo sein Platz ist – und das trotz der Tatsache, dass Pferd und Mensch verschiedenen Spezies angehören. Stellen Sie sich vor, Sie müssten sich in einem fremden Land unter großen Mühen verständlich machen. Sie müssen nach dem richtigen Weg fragen und suchen sich dazu ganz unbewusst jemanden aus, dessen Verhalten darauf hinweist, dass er freundlich und hilfsbereit sein wird. Sie suchen sich jemanden mit passiver Körpersprache aus – und genau dasselbe tut ein Pferd, wenn es entscheidet, ob jemand Freund oder Feind ist. Genauso werden Sie auch anderen Menschen begegnen, deren aggressive Körpersprache Feindseligkeit ausdrückt, so dass sie lieber nicht an sie herantreten – ebenso, wie auch die Handlungen des Menschen das Pferd dazu bringen könnten, dass es sich lieber fernhält.

Wie bringe ich meinem Jungpferd Manieren bei?

Niedlich sind sie ja, aber Fohlen sind auch außerordentlich stark und werden jeden Tag stärker. Deshalb ist es wichtig, dass ein Fohlen nie vergisst, dass es in der Herdenhierarchie unter seinem Menschen steht. Man braucht ein Fohlen nicht damit zu lang-

Meine aggressive Haltung: die Schultern werden breitgemacht und dem Pferd frontal zugewandt, und ich halte direkten Augenkontakt. Das Ganze erweckt den Eindruck von Überlegenheit und Selbstvertrauen. Als Fluchttier reagiert ein Pferd auf Konfrontationen mit Unbehagen, so dass Sie eine solche Körpersprache benutzen können, um Ihre Autorität zu festigen.

weilen, dass man ihm das ständig erzählt, aber wenn es tatsächlich einmal zu weit geht, muss man dieser Respektlosigkeit sofort entgegentreten. Am wirkungsvollsten macht man das so, wie ein anderes Pferd einem vorlauten Jungpferd Manieren beibringen würde – mit Körpersprache und Drohungen, nicht mit handgreiflicher Züchtigung. Auf diese Weise gibt es keine Ausreden und keine Missverständnisse: das junge Pferd wird verstehen, was der Mensch zu ihm sagt, weil der Mensch die Sprache des Pferdes spricht.

Abgesehen davon, dass die Körpersprache die deutlichste Art ist, einem Pferd zu zeigen, dass man mit etwas nicht einverstanden ist, hat sie auch noch andere Vorteile: wenn man die Hand gegen das Jungpferd erhebt oder ihm einen Schlag mit der Gerte versetzt, legt man damit den Grundstein für Probleme im späteren Leben, denn eines Tages wird man genau dieselbe Hand heben müssen, um dem Pferd sein Zaumzeug anzulegen oder ihm über das Gesicht zu streichen, oder man wird die Gerte als Ausbildungshilfe einsetzen müssen, mit der man mehr Schub und Energie einfordert – und wie soll das Pferd den Unterschied erkennen? Es darf die Hände des Menschen niemals als die Instrumente ansehen, die es gestraft oder ihm Schmerz zugefügt haben. Statt dessen nimmt man die abgebildete aggressive Haltung ein und schüchtert das freche Jungpferd dadurch ein, dass man in seinen Individualbereich eindringt – ebenso, wie die dominante Stute einer Herde es tun würde.

Ohne das andere Pferd zu berühren, verweist der Fuchs den Schimmel sehr deutlich in seine Schranken. Es handelt sich hier um das Pferde-Äquivalent meiner aggressiven Haltung.

Der Individualbereich

Um uns alle herum befindet sich eine Luftblase, auf der steht »Zutritt nur auf Einladung!«. Wahrscheinlich haben Sie nichts dagegen, wenn Familienmitglieder und enge Freunde in diesen Bereich eindringen, um Sie beispielsweise zu umarmen oder Ihnen etwas ins Ohr zu flüstern. Wenn aber irgendein flüchtiger Bekannter oder womöglich gar ein Fremder dasselbe tut, fühlt man sich belästigt. Man tritt instinktiv einen Schritt zurück, selbst wenn der Fremde einen nicht wirklich berührt hat, weil man das Verhalten des anderen als bedrohlich und aggressiv empfindet.

Pferde sind sich der Tatsache, dass es so etwas wie einen Individualbereich gibt, überdeutlich bewusst, so dass das folgende Verhalten eine ausgezeichnete Methode ist, ein Pferd zurechtzuweisen, ohne die Hand gegen es zu erheben. Man hält direkten Augenkontakt, macht die Schultern breit und marschiert in den Individualbereich des Pferdes hinein, bis es nach rückwärts ausweicht. Dabei wird es den Blick abwenden und sich zum Zeichen der Unterordnung das Maul lecken und kauen. Stellen Sie sich dabei vor, dass Sie in ein Geschäft marschieren, um sich über etwas zu beschweren, worüber Sie sich wirklich geärgert haben und Ihr Geld zurückzufordern wollen!

Wenn Sie noch nicht überzeugt sind, denken Sie doch einmal daran, wie Pferde auf der Weide die Rangordnung klären: sie tun so, als ob sie beißen und ausschlagen würden, aber tatsächlich kommt es nur selten zu echtem Kontakt und noch seltener zu Verletzungen. Vergessen Sie nicht, Pferde fühlen sich in der Gesellschaft anderer Pferde sicher. Sie streben zwar danach, ihre strikte Rangordnung einzuhalten, gleichzeitig wollen sie jedoch nicht, dass irgendwelche Familienmitglieder dabei mit schweren Verletzungen auf der Strecke bleiben – das wäre in niemandes Interesse. Dominante Pferde grasen völlig problemlos mit anderen zusammen, solange die anderen genug Abstand halten. Es scheint hierbei eine magische Linie zu geben, die nicht überschritten werden darf. So können Pferde sich problemlos eine Weide teilen; wenn jedoch ein weniger ranghohes Pferd beim Grasen zu nahe kommt, merken die anderen das sofort und machen dem Emporkömmling mit Drohgebärden deutlich, dass er gefälligst Abstand zu halten hat. Ein weiterer Beweis für die Tatsache, dass Pferde eine Individualdistanz einhalten, ist das Verhalten einer aufgeschreckten Herde: alle Pferde machen in genau demselben Augenblick auf der Hinterhand kehrt und galoppieren in einer sauber geordneten Gruppe davon, ohne dass es dabei zu Zusammenstößen käme.

Bis das Jungpferd gelernt hat, Sie und Ihren Individualbereich zu respektieren, kann es sein, dass Sie mit den Füßen stampfen oder sogar mit den Armen fuchteln müssen, um sich verständlich zu machen. Wie alle Ausbildungsmethoden werden Sie aber auch diese allmählich verfeinern können, bis Sie Ihr Pferd schon mit der bloßen Andeutung einer aggressiven Haltung zurechtweisen können. Ohne die Hand zu heben, können Sie so ganz deutlich ausdrücken »Halt Abstand, denk an deine Manieren und zeig etwas Respekt«.

Wie belohne ich mein Jungpferd?

Für jede negative Handlung muss es ein positives Gegenstück geben. Wenn man also sein Pferd für eine Frechheit bestraft, muss man ihm auch zu verstehen geben, dass positives Verhalten belohnt wird. Unter Belohnung verstehe ich dabei keine Zuckerwürfel oder ähnliches. Die Belohnung, auf die ein Pferd mehr Wert legen sollte als auf alles andere, ist die Gesellschaft und das Wohlwollen des Menschen.

Wenn Sie mit dem Verhalten Ihres Pferdes zufrieden sind, tun Sie genau das Gegenteil von dem, was weiter oben beschrieben wurde. Sie lassen ihm eine besondere Belohnung zukommen, indem Sie es in Ihren eigenen Individualbereich einladen. Dazu nimmt man eine entspannte, rund wirkende Haltung ein. Wenn das Pferd sich gefügt hat, seine Sünden bereut und dem Menschen nahe sein will, spricht man leise mit ihm und streichelt es zur Belohnung zwischen den Augen oder krault es am Hals. Diese »gegenseitige Körperpflege« ist in einer Herde ein Ritual zwischen befreundeten und gleichgestellten Pferden. So fällt der Druck von dem Pferd ab und ihm wird klar, dass sein Mensch nur dann den Chef herauskehrt und Forderungen

stellt, wenn es seine Grenzen übertritt. Wenn das Pferd bereit ist, zuzuhören und sich zu benehmen, dann ist sein Mensch bereit, die dominate Haltung aufzugeben und sich freundschaftlich zu verhalten. Sie werden erstaunt sein, wie schnell das Pferd das begreift und immer öfter nach der Belohnung und der Komfortzone sucht, anstatt sich den negativen Auswirkungen zu stellen, die auf Fehlverhalten folgen.

Meine passive Haltung: eine entspannte, abgerundete Haltung, bei der man dem Pferd den Rücken zukehrt und direkten Augenkontakt vermeidet, wird als nicht bedrohlich verstanden. So fühlt das Pferd sich sicher, vor allem, wenn sich ihm ein Mensch auf der Weide oder im Stall nähert.

Normalerweise belohne ich ein Pferd, indem ich es zwischen den Augen streichle. Leckerbissen sind als Belohnung nicht zu empfehlen.

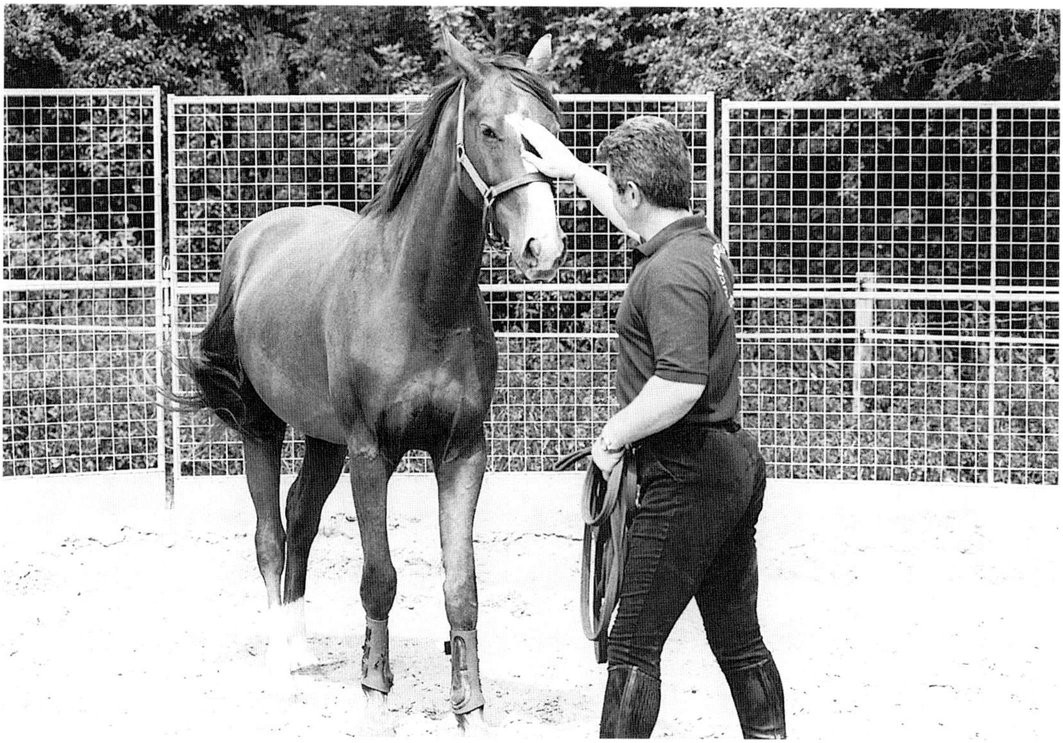

• • • AUF EINEN BLICK • • •

- *Beobachten Sie Ihr Pferd in der Herde und finden Sie heraus, welcher Charaktertyp es ist.*
- *Wenn Sie ein ausgeglichenes Pferd haben wollen, müssen Sie es so natürlich wie möglich halten – Pferdegesellschaft und täglicher Weidegang sind unerlässlich.*
- *Berücksichtigen Sie beim Umgang mit Pferden immer ihren natürlichen Fluchtinstinkt.*
- *Stellen Sie sicher, dass Sie an der Spitze der Rangordnung stehen und sorgen Sie für Respekt ohne Angst.*
- *Sorgen Sie dafür, dass das Pferd sich in Ihrer Gesellschaft wohl fühlt. Um es wirkungsvoll ausbilden zu können, muss es Sie als seine Komfortzone betrachten.*
- *Gehen Sie Problemen auf den Grund, bevor sie ausarten. Pferde sind von Natur aus niemals aggressiv, können aber aufgrund von Angst, Schmerz oder Missverständnissen den Eindruck erwecken, sich verteidigen zu wollen.*
- *Denken Sie daran, dass der Mensch das Raubtier ist. Das Pferd traut einem Raubtier nicht automatisch, sondern man muss sich sein Vertrauen verdienen.*
- *Überprüfen Sie Ihre eigene Körpersprache beim Umgang mit Ihrem Pferd und stellen Sie sich auf seine Körpersprache ein.*
- *Das Pferd muss vom ersten Tag an Ihren Individualbereich respektieren und sich aus diesem Bereich heraushalten.*
- *Der Schlüssel zu einer erfolgreichen Ausbildung liegt darin, das Fluchttier Pferd zu desensibilisieren, so dass es mit dem Leben in seiner künstlichen Umwelt besser zurechtkommt.*

Kapitel 2
Erste Lektionen (0 bis 6 Wochen)

Ein Fohlen wird im Grunde als Wildtier geboren: alle Instinkte, die es zum Überleben braucht, sind noch intakt. Hat dieses Fohlen ein Leben als arbeitendes, gezähmtes Tier vor sich, so kann man diese Instinkte zwar unter Kontrolle bringen, man muss sie jedoch trotzdem respektieren. Je besser das Fohlen darauf vorbereitet wird, den Anforderungen zu genügen, die ihm täglich gestellt werden, desto wohler wird es sich in Gesellschaft des Menschen fühlen, der in seinem Leben eine so wichtige Rolle einnehmen wird.

Jedes Pferd kann seine wilden Instinkte in unterschiedlichem Maße unterdrücken: manche werden »bombensicher«, andere werden immer überempfindlich auf ihre Umgebung reagieren. Wenn Sie die Empfindlichkeit Ihres Pferdes gut einschätzen können, wird es Ihnen leichter fallen, das Verhalten Ihres Pferdes zu bewerten und entsprechend darauf zu reagieren: Sie wissen dann, ob Sie es loben oder zurechtweisen sollen, ob Sie es weiter fordern können oder lieber erst einmal zurückstecken müssen. Es ist nicht so sehr eine Frage der Erfahrung, welches nun die angebrachteste Maßnahme im Umgang mit einem jungen Pferd ist, sondern eine Frage des Beobachtens: wenn Sie das Pferd beobachten und darauf achten, was seine Körpersprache Ihnen sagt, können Sie Probleme wahrscheinlich bereits im Ansatz erkennen und den Anfängen wehren. Seien Sie einfühlsam, ohne dabei zu nachgiebig zu werden, interpretieren Sie die Zeichen, die das Pferd Ihnen gibt, und handeln Sie entsprechend. Ein guter erster Eindruck, der dem Menschen den Respekt des Fohlens einbringt, ohne sein Selbstvertrauen zu beeinträchtigen, legt einen soliden Grundstein für lebenslanges Lernen.

Das Überleben des Stärksten

In der Wildnis hängt die Sicherheit der Herde davon ab, dass sie einen starken Anführer hat. In der Lebenssituation des Hauspferdes ist der Mensch dieser Anführer, und es liegt in der Natur der Sache, dass seine Autorität gelegentlich herausgefordert wird. Tatsächlich ist ein Pferd oft umso frühreifer und umso schwieriger im Umgang, je talentierter und intelligenter es ist. Pferde, die die Fähigkeit haben, es bis ganz nach oben zu schaffen, können den Menschen auf dem Weg dorthin bei jedem einzelnen Schritt herausfordern und alles in Frage stellen. Stellt sich der Mensch dieser Herausforderung nicht, oder kann er die Fragen nicht zufrieden stellend beantworten, verliert er den Respekt des Pferdes. Wenn man es ungeschickt handhabt, kann ein einfaches Missverständnis zwischen Pferd und Mensch sich zu einem riesengroßen Streit auswachsen, der die ganze Beziehung gefährden kann. Geht man jedoch richtig damit um, sind Fehler ein wichtiger Bestandteil des Lernprozesses eines jungen Pferdes und können das Band des Vertrauens und Respekts zwischen Pferd und Mensch sogar noch stärken. Es liegt an demjenigen, der mit dem Pferd umgeht, ob das Pferd die Beziehung zwischen Mensch und Pferd mit Selbstsicherheit und Neugier betrachtet, oder mit Angst und Unsicherheit. Ein junges Pferd ist ein unbeschriebenes Blatt – und der Mensch diktiert, was darauf geschrieben wird.

Bedenken Sie, dass das Fohlen noch nichts vom Leben weiß und dass Sie bei seinen ersten Schritten immer »im Zweifelsfalle für den Angeklagten« urteilen müssen. Das Fohlen hat sicher bereits Menschen in seiner Umgebung gesehen und hat sich von Geburt an an deren Anwesenheit gewöhnt, aber es hat noch keine Vorstellung davon, was diese Menschen von ihm erwarten und welche Rolle sie in seinem Leben spielen werden. Anders als ältere Pferde, die den Menschen durchaus einmal absichtlich testen oder versuchen, ihre Meinung durchzusetzen, haben die meisten Fohlen dieses Stadium noch nicht erreicht. Wenn sie sich also weigern, etwas zu tun, liegt das viel wahrscheinlicher daran, dass sie Angst haben oder nicht verstehen, was der Mensch von ihnen will.

Wenn Sie einem störrischen Fohlen gegenüber zu grob reagieren, wird es eher in Panik geraten als das zu tun, was man von ihm will. Dann können Sie weitere Lektionen für diesen Tag vergessen. Wie ein verängstigtes oder hysterisches Kind wird das Fohlen noch weniger zur Zusammenarbeit bereit sein und noch mehr davon überzeugt sein, dass seine Angst berechtigt ist! Anstatt einen solchen Augenblick aber als negativ zu werten, sollten Sie ihn als Gelegenheit willkommen heißen, dem Fohlen den Rücken zu stärken und es jedes Mal wieder zum Freund zu gewinnen, wenn es Zweifel hat. Wer für sein Fohlen der »Freund in der Not« ist, dem kann es durchaus passieren, dass das Fohlen sich für diesen Gefallen revanchiert, wenn sein Mensch viel später einmal einen Fehler im Umgang mit ihm macht, vielleicht während des viel komplizierteren Anreitens oder während der Reitausbildung. Jetzt ist der richtige Zeitpunkt, um das Selbstvertrauen des Fohlens zu stärken und sich sein Vertrauen zu erwerben; dies wird sich positiv auswirken, wenn Sie später mit dem Anreiten beginnen. Es ist wichtig, dass das junge Pferd in einem späteren Ausbildungsabschnitt absolut Grund hat, Ihnen zu glauben, wenn Sie zu ihm sagen »Es ist alles in Ordnung, vertrau mir...«.

Imprinting

Was ist Imprinting?

Sofort nach der Geburt folgt eine Phase von ungefähr einer Stunde, bevor das Fohlen mühsam auf die Beine kommt. In dieser Zeit knüpft es ein Band mit seiner Mutter und anderen Herdenmitgliedern und macht sich mit dem bekannt, was es in seinem neuen Universum zu sehen, zu hören und zu riechen gibt. Man nennt dies die Prägephase. In dieser Prägephase ist ein Fohlen höchst aufnahmebereit für Einflüsse von außen und lernt, wie es darauf reagieren muss – ein Konditionierungsvorgang, der sich für sein Überleben in der Wildnis als unerlässlich erweisen kann. Wenn man das Glück hat, bei der Geburt des Fohlens dabei zu sein, kann man sich diese Augenblicke, in denen ein Fohlen so leicht zu beeinflussen ist wie nie wieder in seinem späteren Leben, zunutze machen.

Diese intensive Lernphase findet im Leben eines jeden jungen Tieres statt, allerdings bei verschiedenen Tierarten zu unterschiedlichen Zeitpunkten. Bei Raubtieren wie dem Menschen, Wildkatzen und Hunden werden die Jungen hilflos und oft blind geboren und sind mehrere Wochen bis sogar Monate nach der Geburt äußerst verletzlich. Sie sind vollständig von ihren Eltern abhängig, die für sie sorgen und sie beschützen müssen. Wenn die Jungen kräftiger und mobiler werden, beobachten und lernen sie immer mehr von ihren Eltern, bis sie schließlich selbst für sich sorgen können. Ein Fohlen ist dagegen nicht so unwissend und verletzlich wie diese anderen Tierkinder – es verfügt über die Reaktionen eines ausgewachsenen Pferdes, nur dass ihm die Erfahrung fehlt. Sein Überleben hängt also davon ab, dass es rasch genug lernt. Die Imprinting-Technik macht sich diese Tatsache zunutze.

◀ ▶ ***Pferde sind Fluchttiere, die jederzeit in der Lage sein müssen, um ihr Leben zu laufen. Deswegen müssen die geistigen Fähigkeiten eines Fohlens und seine Sinneswahrnehmung schon bei der Geburt voll entwickelt sein, selbst wenn das junge Tier körperlich noch nicht ausgereift ist.***

Bei seiner Geburt weiß ein Hauspferdefohlen noch nicht, dass sein Leben anders verlaufen wird als das seiner wilden Ahnen. Es wird mit der Erwartung geboren, dass es fliehen muss, um einer Gefahr zu entkommen, und es ist durch seine Instinkte darauf programmiert, vor Raubtieren davonzulaufen. Normalerweise würden Sie als Mensch ebenfalls in diese Kategorie fallen. Wenn Sie aber Ihre Gegenwart in der anfänglichen Prägungsphase gleich nach der Geburt bekunden, wird das Fohlen Ihre Berührung und Ihre Anwesenheit ebenso akzeptieren, wie es die Anwesenheit seiner Mutter akzeptiert – trotz Ihrer offensichtlichen Raubtiermerkmale (siehe Kapitel 1). Ebenso, wie das Fohlen später seine Mutter am Aussehen, an ihren Lauten und ihrem Geruch in einer Herde von Hunderten von Pferden erkennt, werden nun Sie in sein Gedächtnis »geprägt« sein und es wird sich daran erinnern, dass auch *Sie* etwas Wichtiges bedeuten.

Wozu dient das Imprinting?

Wenn das Fohlen zu einem zufriedenen und gut ausgebildeten Pferd heranwachsen soll, muss es die Menschen vollständig akzeptieren und sollte nie-

mals seinem instinktiven Verlangen nachgeben, vor ihnen davonzulaufen. Fohlen binden sich nicht automatisch an den Menschen, wie man an den vielen Fohlen sehen kann, die jeden Tag ihres Lebens Menschen sehen und trotzdem wild und ungebärdig sind. Selbst täglicher kurzer Umgang mit dem Menschen reicht nicht aus, um die Tausende von Jahren der evolutionären Konditionierung aufzuheben, die dem Fohlen sagen, dass da ein Raubtier vor ihm steht.

Die Technik des Imprinting geht einen Schritt weiter als der tägliche Umgang mit dem Fohlen. Das Ziel ist, den Fluchtinstinkt des Fohlens aufzuheben und es gegenüber der Berührung des ›Raubtiers‹ – des Menschen – zu ›desensibilisieren‹, das schließlich sein Reiter und Partner sein wird. Viele Menschen sind der Meinung, man sollte Stute und Fohlen nach der Geburt in Ruhe lassen und sich leise zurückziehen, aber das macht das Leben des Fohlens auf lange Sicht auch nicht einfacher. Das Imprinting wurde in den USA entwickelt, wo bestimmte Gestütstierärzte bemerkten, dass Fohlen, bei denen sie Geburtshilfe leisten mussten, freundlicher und einfacher im Umgang waren als Fohlen, deren Geburt problemlos verlief und die deswegen bei der Geburt keinen Kontakt mit Menschen hatten. Die tatsächlichen Auswirkungen des Imprinting machen sich oft erst später im Pferdeleben bemerkbar, wenn ein Fohlen, dessen Erfahrungen beim Imprinting positiv waren, viel weniger Aufhebens um die Dinge macht, die man vom ihm will – einen Sattel auflegen beispielsweise, oder eine Wurmkur verabreichen – als ein Fohlen, das nicht gleich nach der Geburt durch Menschenkontakt geprägt wurde.

Es versteht sich von selbst, dass der erste Eindruck, den das Fohlen beim Imprinting vom Menschen bekommt, gut sein muss! Man muss diese

DOMINANTE PERSÖNLICHKEITEN

Es steht außer Zweifel, dass manche Fohlen eine stärkere und aggressivere Persönlichkeit haben als andere, aber glücklicherweise ist die Pferdesprache genetisch einprogrammiert, so dass ein freches Fohlen bereits die Zeichen kennt, die eine dominante Stute oder ein dominanter Hengst verwenden würde, um »Halt den Mund und benimm dich!« zu sagen. Auch der Mensch kann diese Sprache verwenden, um beispielsweise ein wirklich unverschämtes Fohlen notfalls mit dominanter Körpersprache einzuschüchtern, so dass es sich unterordnet (siehe Kapitel 1), wenn es dem Menschen vorher keinen Respekt entgegengebracht hat. Man kann beispielsweise wie ein Hengst oder eine ärgerliche Stute quietschen und mit der Fußkante ausschlagen, oder dem Fohlen einen Stoß mit dem Ellenbogen versetzen. Das erscheint vielleicht ein wenig unfair, aber wahrscheinlich wird man diese aggressiven Taktiken nur wenige Male einsetzen müssen, bis das Fohlen begriffen hat, dass es zu weit gegangen ist. Danach kann man ganz normal mit dem Imprinting fortfahren. In der Wildnis würde sich sehr schnell ein dominantes Herdenmitglied finden, das ein Fohlen in seine Schranken verweist. Beim Hauspferdefohlen ist der Mensch derjenige, dem diese Aufgabe zufällt, damit das Fohlen sich nicht zu einem schwierigen, widerspenstigen Pferd entwickelt, das dann sein ganzes Leben lang immer wieder Schläge einstecken muss, weil die Menschen seiner nur mit Mühe Herr werden.

Gelegenheit dazu nutzen, dem Fohlen entgegenzukommen und ihm beizubringen, dass es auch in diesem Augenblick, in dem es ungeheuer verletzlich und ungeheuer aufnahmefähig ist, keine Angst vor dem Menschen zu haben braucht. Der ideale Zeitpunkt dafür liegt in der ersten Stunde nach der Geburt. Man greift dabei vielleicht in den natürlichen Ablauf der Dinge ein und beeinflusst ein Fohlen, bevor ihm richtig klar ist, was da eigentlich vor sich geht, aber dies geschieht im Interesse des Fohlens. Jeder, der mit jungen Pferden umgeht, hat die Verantwortung, ihnen die Dinge so deutlich und positiv wie möglich nahe zu bringen. Die kurze Zeit, die man in diesen Lebensminuten damit verbringt, das Fohlen mit der Berührung des Menschen zu prägen, wird Pferd und Mensch später viel Stress, Zeitaufwand und möglicherweise auch Verletzungen ersparen. Wenn die Zeit zum Anreiten gekommen ist, hat ein durch Imprinting geprägtes Pferd auf jeden Fall einen Vorsprung. Außerdem ist es viel einfacher, vielleicht eine Stunde mit dem Fohlen zu verbringen und es dabei in die Grundlagen seiner Beziehung zum Menschen einzuführen, wenn das Tier noch kleiner und schwächer ist als der Mensch und noch keine anderweitigen Vorstellungen hat, als dasselbe zum ersten Mal mit einem ausgewachsenen Pferd zu versuchen.

Wie läuft das Imprinting ab?

Der beste Zeitpunkt für das Imprinting eines Fohlens, das ein Begleiter des Menschen werden soll, liegt in jener Phase, in der es am Boden liegt und darauf wartet, dass seine Beine kräftig genug werden – in der ersten Stunde nach der Geburt. Der Imprinting-Vorgang kann auch noch früher beginnen, falls es bei der Geburt zu Komplikationen kommt, aber in den meisten Fällen bekommt das Fohlen seinen ersten Eindruck vom Menschen, während es nach der Geburt mit einem Handtuch oder mit sauberem Stroh trockengerieben wird.

Sobald Sie damit fertig sind, knien Sie sich neben das Fohlen und fahren mit kleinen, reibenden Bewegungen der Hände über sein Gesicht und seinen Kopf. Streichen Sie dabei auch rund um die Augen, die Nase und den Maulbereich, über Lippen und Zahnfleisch, und bearbeiten Sie jedes Ohr und jede Nüster sowohl innen als auch außen. Der Sinn des Ganzen ist, dass das Gehirn des Fohlens darauf »programmiert« werden soll, Ihre Berührung zu akzeptieren, und dass das Neugeborene lernen soll, wie Sie aussehen, schmecken, sich anhören und riechen. Ein Pferd reagiert auf Unbekanntes mit Angst, machen Sie sich also zur bekannten Größe, indem Sie sich sobald wie möglich dem Fohlen vorstellen und ihm zeigen, dass Sie ihm nichts tun wollen. So wird es nie einen Grund haben, Sie zu fürchten.

Es ist wichtig, dass Sie auch dann mit dem Streicheln fortfahren, wenn das Fohlen sich unter der Berührung entspannt. Das Fohlen muss das, was da mit ihm gemacht wird, vollständig akzeptieren und es nicht nur tolerieren. Es hat jetzt bereits eine Ahnung, dass Sie eine wichtige Rolle in seinem Leben spielen werden – wenn es auch noch nicht weiß, warum das so sein wird – und muss nun noch davon überzeugt werden, dass es keine andere Wahl hat, als sich Ihnen von Anfang an unterzuordnen. Wenn Sie zusammen mit der Stute bereits da sind, wenn das Fohlen das Licht der Welt erblickt, bekommen Sie automatisch die Rolle eines Freundes oder Familienmitgliedes zuerkannt, anstatt die eines Raubtieres, und dem Fohlen wird bald klar, dass Sie ihm nicht wehtun wollen. Ebenso muss das Fohlen erkennen, dass es immer *Sie* sind, der die Initiative ergreift, und nicht das Tier.

Es gibt keine Einschränkungen. Streichen, klopfen und drücken Sie wiederholt am ganzen Körper des Fohlens entlang, bis es keinen Bereich mehr gibt, den Sie noch nicht berührt haben. Der gesamte Körper wird bearbeitet, auch der Bereich zwischen den Hinterbeinen und unter dem Schweif, so dass das Fohlen all diese Berührungen schon kennt, wenn Sie bei ihm Fieber messen oder ihm eine Schweifbandage anlegen wollen. Die Berührung sollte selbstsicher und selbstverständlich sein, wenn das Fohlen sich dabei schließlich völlig sicher fühlen soll, wobei Bewegung und Druck der Berührung das Lecken der Stute nachahmen sollen.

Wenn Sie auf diese Art den gesamten Körper des Fohlens bearbeitet haben, denken Sie darüber nach, welche anderen Wahrnehmungen es gewohnt sein muss, wenn es in der Umgebung des Menschen leben soll, selbst wenn es bis dahin noch einige Jahre dauern wird. So können Sie bei-

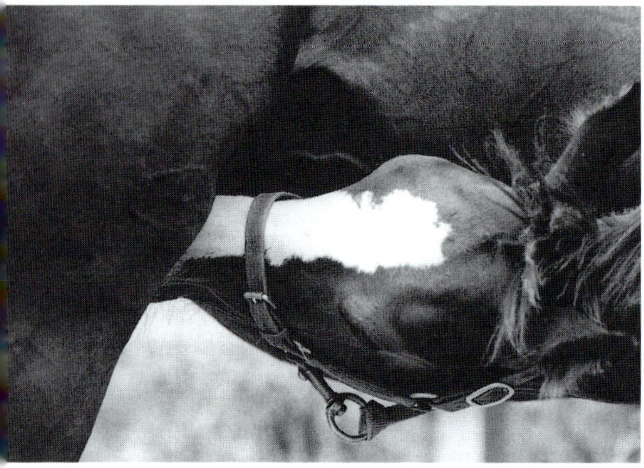

Sie sollten nicht länger als ungefähr 15 Minuten mit dem Fohlen arbeiten, danach braucht es eine Pause. Insgesamt sollte der ›Unterricht‹ am ersten Tag nicht länger als eine Stunde dauern. Achten Sie darauf, ob das Fohlen mit den Lippen Saugbewegungen macht, die zeigen, dass es trinken muss.

spielsweise mit einer Schermaschine über seinen Körper und seinen Kopf fahren (ohne dabei wirklich Fell abzuscheren!), damit es sich an das Geräusch gewöhnt. Auch das Rascheln mit Papier und Plastiktüten überall am Fohlen und rund um es herum kann ein Teil des Imprinting-Vorgangs sein, und ebenso alles andere, das dazu beiträgt, den Fluchtreflex auszuschalten und ihm die Angst zu nehmen. Denken Sie daran, dass Sie jeden Vorgang mindestens 30-mal wiederholen müssen, damit er dauerhaft im Unterbewusstsein des Fohlens verankert wird.

Das Fohlen wird sich an alles erinnern, was bei seiner Geburt mit ihm gemacht wurde, selbst wenn es niemals wiederholt wird, aber wirkungsvoller ist das Ganze trotzdem, wenn man den Vorgang nach Abschluss des ersten Imprintings regelmäßig vornimmt – beispielsweise einmal pro Woche fünf Minuten lang. In größeren, gewerblich geführten Gestüten ist das nicht immer möglich, aber für ein selbstgezogenes Fohlen oder bei einem kleineren Züchter sollten sich dafür immer ein paar Minuten finden – und außerdem macht es Spaß. Die Zeit, die man für dieses Imprinting aufwendet, hat man in die Zukunft des Fohlens investiert und ihm damit eine viel bessere Chance gegeben, ein gutes und zuverlässiges Reitpferd zu werden.

Beim Imprinting dürfen Sie nicht zwischen die Stute und ihr Fohlen geraten – auch sie muss eine Verbindung mit ihrem Fohlen herstellen und sollte dazu ständig Nase an Nase mit ihm stehen können. So fühlen beide sich sicherer, und das Imprinting ist für Sie einfacher. Erstaunlich wenige Stuten haben in diesem Stadium etwas gegen die Anwesenheit des Menschen einzuwenden; wenn sie doch einmal aggressiv werden oder ihr Fohlen zu sehr beschützen wollen, geschieht dies meist ein oder zwei Tage später in der Herde. Natürlich spielt es auch eine große Rolle, welche Beziehung Sie zu der Stute haben und wie sehr sie Ihnen vertraut, wenn sie es tolerieren soll, dass Sie ihr Fohlen so bald nach der Geburt berühren.

Denken Sie daran, beide Körperseiten des Fohlens zu bearbeiten. Den wenigsten Leuten ist klar, wie schwierig es für Pferde ist, Dinge, die sie für die eine Seite gelernt haben, auf die andere Seite zu übertragen. Pferde lernen im Grunde nur aus der tatsächlich gemachten Erfahrung. Bedenken Sie nur einmal, wie vorteilhaft es wäre, ein echter »Beidhänder« zu sein, denn das bedeutet eben nicht nur, mit welcher Hand man schreibt, sondern betrifft die Koordination und das Gleichgewicht des Körpers bei allem, was man tut. Durch eine gleichmäßige Imprinting-Berührung beider Körperseiten legen Sie bei einem Pferd die Basis für diese Art von Geschicklichkeit, die ihm sein Leben lang von Nutzen sein wird.

Arbeiten mit einem Helfer

Sobald das Fohlen aufgestanden ist und Sie seinen Körper bearbeiten, ist es ratsam, sich einen Helfer zu holen, damit das Fohlen sich Ihnen nicht entziehen kann. Eine Person hält das Fohlen, die andere Person führt das Imprinting durch. Fohlen können selbst so kurz nach der Geburt stark und entschlossen genug sein, um sich aus dem Griff eines Menschen zu winden – womit sie dann leider gelernt haben, dass sie stärker sind als ein Mensch und diese Kraft dazu einsetzen können, ihren Willen durchzusetzen.

Es ist wichtig, dass der Helfer das Fohlen nicht so fest hält, dass es sich gar nicht mehr bewegen

WAS IST, WENN ICH ZU SPÄT DRAN BIN?

Stuten können sehr geheimnisvoll tun, wenn es um den genauen Zeitpunkt der Geburt geht, aber es ist auch keine Katastrophe, wenn Sie den besten Zeitpunkt für das Imprinting verpasst haben, der ja in der Phase direkt nach der Geburt liegt. Auch mehrere Tage später ist Imprinting noch möglich. Es wird allerdings umso schwieriger, je länger Sie damit warten: das Fohlen wird rasch Kraft und Selbstvertrauen gewinnen, und dann ist der Mensch nicht mehr das Zentrum seines Universums. Trotzdem sollten Sie mit einem jungen Pferd, egal welchen Alters, den ganzen oben beschriebenen Imprinting-Vorgang durchführen. Durch längeres Warten wird es garantiert nicht einfacher.
Es ist wichtig, dass das Fohlen keine Gelegenheit bekommt, seine Kraft gegen Sie einzusetzen, sobald es einmal älter und stärker ist, denn dann wird es ohne Zweifel herausfinden, dass es sich durchsetzen kann. Bei einem solchen Fohlen müssen Sie viel entschlossener und konsequenter vorgehen. Es ist ratsam, ein solches Fohlen zuerst an das Halfter zu gewöhnen (siehe Kapitel 3), um damit sowohl eine respektvolle Beziehung aufzubauen als auch ein Kontrollmittel in der Hand zu haben, bevor Sie versuchen, wie beschrieben die verletzlichen Bereiche des Pferdes zu berühren.

kann, weil er damit wahrscheinlich das Gegenteil erreicht, es noch mehr zum Zappeln verleitet und es damit gegen den Menschen aufbringt. Außerdem muss er dabei die eigene körperliche Kraft gegen die des Fohlens einsetzen – zum einen ist das unfair, zum anderen ist es ein Kampf, den er nicht gewinnen kann. Das Fohlen muss das Gefühl haben, dass es sich bewegen darf, und wenn ihm auffällt, dass es in seiner Bewegung eingeschränkt ist, darf diese Erkenntnis nicht in Panik ausarten. Der Helfer hält es locker, indem er ihm einen Arm um die Brust legt und mit dem anderen Arm jederzeit bereit ist, um die Hinterhand herumzugreifen und sie in die richtige Richtung zu schieben.

Es ist gut, wenn man das Fohlen auf diese Art auch seitwärts, rückwärts und vorwärts treten lässt.

Dazu legt der Helfer einen Arm um die Hinterhand und überredet es, sozusagen winzige »Vorhandwendungen« zu machen, so dass es lernt, seine Hinterhand von dem Druck weg zu bewegen. Dabei drückt man nicht ständig, weil man damit dem Fohlen etwas zum Dagegenlehnen gibt, sondern man berührt es und lässt dann mit dem Druck wieder nach, wie man es tun würde, wenn man einem Reitpferd die entsprechenden Hilfen geben würde. Diese grundlegenden ersten Lektionen darin, sich von einem Druck weg zu bewegen werden sich als unschätzbar wertvoll erweisen, wenn Sie das junge Pferd später an ein Halfter gewöhnen und ihm das Rückwärtstreten beibringen wollen. Sobald es verstanden hat, was Sie von ihm wollen, wird es sich entspannen – und das könnte der Grund sein, warum amerikanische Gestüte, die diese Technik benutzen, immer wieder gute Ergebnisse erzielen, wenn sie ihre derart geprägten Pferde anreiten und ausbilden. Man hat dort gemerkt, dass solche Pferde sich leichter und schneller ausbilden lassen, ohne dabei ihren Wettkampfinstinkt verloren zu haben. Tatsächlich ist es sogar so, dass sie gerade, weil sie so gelassen, selbstsicher und wohlerzogen sind, alle ihre Energien in ihre Leistung stecken können.

Im Laufe der Zeit wird das Fohlen selbstsicherer werden und den Kontakt mit Ihnen als sehr angenehm empfinden. Wenn es Sie allmählich als Freund ansieht, den man auch einmal zwicken oder mit dem Maul absuchen kann, müssen Sie ihm allerdings auch klarmachen, dass zu viel von solchem Verhalten von mangelndem Respekt zeugt; Sie dürfen ihm nicht erlauben, so weiterzumachen. Sie können ihm mit einem Finger an die Nase schnippen, um es abzuschrecken, ohne ihm Angst zu machen. Ein solches Verhalten mag ja im Moment niedlich erscheinen, aber wenn das Fohlen ausgewachsen ist, ist es nur noch eine sehr schlechte Angewohnheit. Die Botschaft des Menschen an das Fohlen muss lauten: »Wir sind Freunde, aber ich gebe den Ton an. Ich kann dich überall und jederzeit berühren, aber du darfst mich nicht berühren. In meinen Individualbereich darfst du nur auf Einladung eindringen.«

Auf eigenen Füßen

Um die letzten Einzelheiten des Imprinting können Sie sich kümmern, wenn das Fohlen schon ein wenig stabiler ist – so kann es beispielsweise im Alter von drei Tagen durchaus in einen Pferdehänger

Manche Fohlen wollen sich die Hufe absolut nicht hochheben lassen und legen sich lieber hin, als nachzugeben. Ein solches Verhalten ist normal und stellt einen Versuch dar, das Thema zu wechseln. Bestehen Sie in aller Ruhe auf Ihrer Forderung.

oder einen Transporter geladen werden (da es noch nicht an das Halfter gewöhnt ist, lassen Sie es seiner Mutter die Rampe hinauf und hinunter folgen). Man kann es auch ein kurzes Stück fahren, was viele Fohlen ohnehin schon im zarten Alter erleben, wenn sie ihre Mütter zum Hengst begleiten.

Wasser ist ebenfalls etwas, woran ein Fohlen sich gewöhnen muss. Sie können damit anfangen, dass Sie mit einem Schlauch oder einem nassen Schwamm tropfenweise Wasser an seinen Beinen herablaufen lassen. Damit können Sie eigentlich keinen Schaden anrichten; den Kopf jedoch sollten Sie trotzdem am besten aussparen, bis das Fohlen sich mit der Sache angefreundet hat. Wasser am Kopf ist aber wahrscheinlich kein Problem, wenn es bereits daran gewöhnt ist, dass Sie es überall am Kopf kraulen und berühren. Trotzdem sollten Sie den Körper des Fohlens bei kühler Witterung nicht nass machen. Ein Pferd bei kaltem Wetter abzuspritzen, ist niemals richtig, und bei einem Fohlen schon gar nicht. Das Prinzip hinter all den Ausbildungsschritten, die Sie mit dem Fohlen unternehmen, ist ja, dass jede Erfahrung dem Fohlen positiv in Erinnerung bleiben muss. Und jeder weiß schließlich aus eigener Erfahrung, dass es etwas völlig anderes ist, ob man an einem heißen Tag eine erfrischende Dusche nimmt oder mitten im Winter zitternd unter dem kalten Wasser steht!

Wenn ein Fohlen an das Halfter gewöhnt ist, kann es seine Mutter auf Ausritten begleiten – so können Sie den Imprinting-Vorgang fortsetzen. Sie können es von der Stute wegführen und es mit dem Verkehr auf dem Hof bekannt machen, Bäche und Gräben durchqueren und ausprobieren, was es mit anderen Tierarten, beispielsweise mit Ziegen und Schweinen, anfangen kann.

Halfter und Anbinden

Die oben aufgeführten Lektionen gehören nicht unbedingt zum Imprinting, aber auch diese Lektionen sollte ein Fohlen so bald wie möglich lernen. Die Gewöhnung an das Halfter ist weit mehr als nur eine praktische Sache, weil man damit das Fohlen auf die Koppel und zurück führen kann. Es ist so etwas wie das Alphabet. In späteren Jahren sieht man es als selbstverständlich an, aber zunächst einmal bildet es die Basis für die gesamte Erziehung des Fohlens. Ohne Halfter kann das Fohlen keine Fortschritte machen und keine komplizierteren Lektionen lernen. Wenn es so an das Halfter gewöhnt wird, wie es im nächsten Kapitel beschrieben ist, lernt es, einem Druck nachzugeben, den Menschen und dessen Individualbereich zu respektieren und die Körpersprache des Menschen sorgfältig im Auge zu behalten. Damit legt man wirkungsvoll den Grundstein für seine spätere Ausbildung als Reitpferd.

• • • AUF EINEN BLICK • • •

- *Prägen Sie ein Fohlen so früh wie möglich. Ein neugeborenes Fohlen abzureiben, bevor es sich auf die Füße stellen kann, ist ein guter Anfang.*
- *Sprechen Sie alle Sinne des Fohlens an: Spüren, Schmecken, Riechen, Sehen, Hören.*
- *Bearbeiten Sie beide Körperseiten gleich stark, weil das Fohlen sein Wissen nicht von den Körperteilen einer Seite auf die andere Seite übertragen kann.*
- *Berühren Sie jeden Zentimeter und jede Körperöffnung des Fohlens.*
- *Schließen Sie die Stute nicht aus – auch sie muss eine Verbindung mit dem Fohlen aufbauen.*
- *Stute und Fohlen sollten Nase an Nase stehen dürfen, während Sie mit dem Fohlen arbeiten, so dass sie sich gegenseitig beruhigen können.*
- *Wiederholen Sie jeden Reiz mindestens 30 Mal. Machen Sie auch dann noch weiter, wenn das Fohlen sich dabei entspannt.*
- *Arbeiten Sie am ersten Tag immer höchstens 15 Minuten lang, nicht mehr als insgesamt eine Stunde am Tag.*
- *Um das Gedächtnis des Fohlens aufzufrischen, sollten 5 Minuten pro Woche reichen.*
- *Suchen Sie sich Hilfe – das Fohlen darf nicht lernen, dass es entkommen könnte, wenn es sich wehrt.*
- *Führen Sie den Imprinting-Vorgang mit jedem jungen Pferd durch, sobald es geht, selbst wenn man den optimalen Zeitpunkt direkt nach der Geburt verpasst hat. Bei älteren Fohlen ist es allerdings besser, sie zuerst an das Halfter zu gewöhnen.*

Kapitel 3

Kindergarten

(6 Wochen bis 6 Monate)

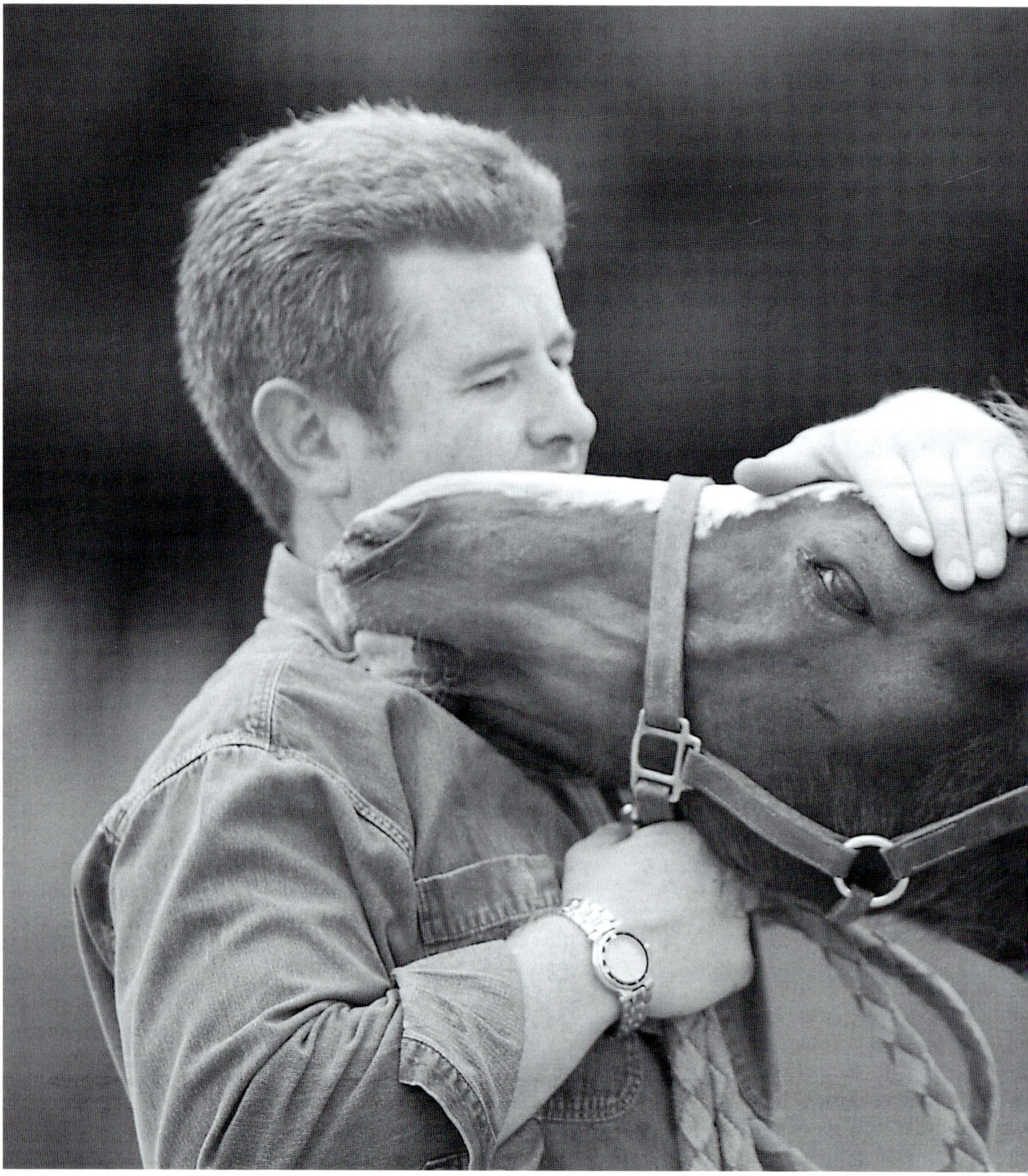

Ein Fohlen ist ein klassisches Beispiel für ein Fluchttier, völlig ohne Ausbildung und in vielen Fällen völlig ohne Erfahrung mit Berührungen durch den Menschen. Sein Leben wird rein vom Instinkt regiert, weil es keine früheren Erfahrungen hat – seien es nun gute oder schlechte – die es beeinflussen könnten. Für ein Fohlen sind die Lebensregeln einfach, aber wichtig: halt Abstand von Raubtieren (zu denen auch die Menschen gehören), bleib bei Mama, und wenn dir was zweifelhaft vorkommt, lauf! Die Zukunft des Fohlens wird sich jedoch als Hauspferd abspielen, nicht als Wildpferd, so dass sein Leben nur schwieriger wird, wenn man es einfach seinen natürlichen Instinkten folgen lässt.

Wenn ein Fohlen sehr kräftig oder flegelhaft ist, warten viele Pferdehalter mit der Gewöhnung an das Halfter – sie wissen, dass es irgendwann gemacht werden muss, aber sie fangen damit nicht so früh an, wie sie sollten, vor allem nicht mit sehr jungen Fohlen. Oft erscheint es einfacher, mit seiner Erziehung erst zu einem späteren Zeitpunkt anzufangen. Schließlich folgt es ja seiner Mutter überall hin, wo man es haben will, und macht keinen Ärger – bis man einmal versucht, etwas von ihm zu verlangen, was es nicht will! Denken Sie einmal an Menschen, die so früh angefangen haben, zu reiten, zu schwimmen oder ein Instrument zu spielen, dass sie sich gar nicht mehr daran erinnern können, es jemals gelernt zu haben. Sie erinnern sich nicht daran, dass sie bei ihren ersten Versuchen irgendwelche Schwierigkeiten gehabt haben, und ihre Fähigkeit ist ihnen zur zweiten Natur geworden. Genau das kann man auch mit einem Fohlen erreichen, denn gute Angewohnheiten können sich genauso in ihm festsetzen wie schlechte.

Wenn das Fohlen ungefähr sechs Wochen alt ist, ist es an der Zeit, dort weiterzumachen, wo Sie nach dem Imprinting aufgehört haben. Ein Fohlen, das durch Imprintig geprägt wurde, hat hierbei einen Vorsprung, denn die Techniken, die Sie als nächstes anwenden, unterstützen das, was Sie ihm bereits beigebracht haben. Es hat sich bereits damit abgefunden, dass Sie es überall berühren; nun muss ihm das zur zweiten Natur werden. Ein Fohlen, das nicht gleich nach der Geburt geprägt wurde, muss bei Null anfangen.

Auch die Tatsache, dass Fohlen ganz unterschiedliche Charaktere haben können, muss beachtet werden. Manchmal ist ein Fohlen mutig und neugierig genug, um sich dem Menschen zu nähern und selbst herauszufinden, dass er keine Bedrohung darstellt; andere Fohlen sind nervös und scheu und man muss sich ihnen besonders ausgiebig widmen, um ihr Vertrauen zu gewinnen.

▲▼ *Ein junges Fohlen folgt seiner Mutter normalerweise dichtauf, ohne dass man es führen müsste. Aus Prinzip sollten Sie es jedoch trotzdem führen. Es kann zwar eine Menge von seiner Mutter lernen und wird sich davon beruhigen lassen, dass sie Menschen nicht beängstigend zu finden scheint, aber es wird nicht verstehen, warum sie sich so gar nicht stören lässt. Dies muss es selbst lernen. Ihre Aufgabe liegt darin, ihm diese Erfahrung zu ermöglichen.*

▼ ▶ Verglichen mit anderen jungen Säugetieren ist ein Fohlen von Anfang an ein kräftiges und unabhängiges Wesen. Im Alter von wenigen Stunden ist es bereits stark genug, um mit einer galoppierenden Herde Schritt zu halten – und damit ist es auch stark genug, es auf einen Kampf ankommen zu lassen, wenn Sie erste Umgangsversuche mit ihm machen, wie das Anlegen eines Halfters oder das Auskratzen der Hufe. In diesem Stadium hat das Fohlen nicht dieselbe Vorstellung von häuslichem Frieden wie der Mensch, also müssen Sie entschlossen, selbstsicher und konsequent vorgehen.

Berührungen akzeptieren

Wenn Sie ein Fohlen berühren, muss dies unter Ihren Prämissen geschehen, nicht unter denen des Fohlens. Bei jedem der kurzen, aber häufigen Begegnungen zwischen Ihnen und dem Fohlen müssen Sie die Initiative ergreifen und das letzte Wort behalten, wenn auch auf möglichst nette Weise. Stecken Sie den Rahmen so ab, dass ihm klar wird: sobald ein Mensch in der Nähe ist, ist das, was dieser Mensch will, wichtiger als alles, was das Pferd vielleicht lieber tun würde. Der Grundgedanke, dass dem Menschen sofort Respekt und Aufmerksamkeit entgegenzubringen ist, sollte das Pferd sein ganzes Leben lang begleiten und damit jeden Bereich seiner zukünftigen Ausbildung vereinfachen.

Beginnen Sie mit einem Bereich, in dem das Fohlen gegen eine Berührung nichts einzuwenden hat – Kraulen am Hals und Widerrist ist normalerweise beliebt, weil es dem gegenseitigen Fellkrau-

DER ANGST INS AUGE SEHEN

In diesem Alter geht man mit einem Pferd mehr aus psychologischen Gründen um. Je eher das Fohlen lernt, seinen Ängsten – also dem Menschen und allem, wofür der Mensch steht – ins Auge zu sehen, und je eher ihm klar wird, dass es diese Erfahrung unversehrt überstehen kann, desto besser ist es für alle Beteiligten. Die Vorahnung einer Gefahr ist schlimmer als die Realität, so dass Sie Ihrem Fohlen einen großen Gefallen tun, wenn Sie sich mit diesem Problem lieber etwas früher befassen als etwas später. Ein paar Stunden Arbeit im Verlauf mehrerer Wochen helfen dem Fohlen, seine Furcht zu überwinden und hoffentlich auch den einzigen echten Grund zur Besorgnis auszuschalten, den es in seinem Leben haben wird: die Angst vor dem Menschen, dem Raubtier. Mit ruhiger Konsequenz und vielen Wiederholungen können Sie seinen panischen Fluchtreflex durchbrechen, was ihm gute Dienste leisten wird, wenn in seinem späteren Leben größere Anforderungen an das Pferd gestellt werden – beispielsweise, wenn die Ausbildung für das Anreiten beginnt. Der »Flucht oder Kampf«-Reflex mag ja unbedingt notwendig sein, damit ein Pferd in der Wildnis überleben kann, für ein Haustier jedoch sorgt dieser Reflex nur für unnötige Angst und macht sein Leben komplizierter als es sein muss.

Fohlen können anfangs zutraulich und neugierig erscheinen; oft jedoch sind sie nur zur Zusammenarbeit bereit, wenn etwas nach ihren Vorstellungen geschieht. Sobald sie merken, dass Sie die Kontrolle übernehmen, tritt ihr »Flucht oder Kampf«-Reflex zutage. Kurz gesagt: Sie machen nur mit, wenn es ihre Idee war! Wie bei jedem anderen Ausbildungsvorgang, so gilt auch hier, dass Sie auf keinen Fall versuchen sollten, Ihr Fohlen selbst an das Halfter zu gewöhnen, wenn Sie nicht bereit sind, diesen Weg bis zum Ende zu gehen – und sich dabei möglicherweise ein paar blaue Flecken einzuhandeln. Selbst dann ist es sehr viel einfacher, mit dem Sträuben eines jungen Fohlens oder eines Abstellers fertig zu werden, als mit dem Widerstand eines ausgewachsenen Pferdes, dem man solch renitentes Verhalten bisher hat durchgehen lassen.

len ähnelt, mit dem Pferde sich untereinander ihre Freundschaft bestätigen. Nun arbeiten Sie sich um den ganzen Körper des Fohlens herum, bis Sie bei den verletzlicheren Bereichen angelangt sind, bei den Rippen, dem Bauch und dem Bereich zwischen den Vorderbeinen. Achten Sie darauf, das Fohlen nicht zu kitzeln – jede Bewegung muss überlegt und deutlich sein, mit einem festen Klopfen oder Kraulen. Sie können sich ruhig quer über das Fohlen lehnen, so dass es Ihr Gewicht an seinen Schultern spürt; dann nehmen Sie Ihr Gewicht wieder weg und legen die Arme um das Tier. Gehen Sie durchaus extrem vor und lassen Sie keinen Bereich unberührt: die Innenseiten von Ohren und Maul, die Bereiche um die Augen und unter dem Schweif. Dann wechseln Sie die Seiten und beginnen das Ganze von vorn!

Die Bereiche, die Sie berühren, bekommen eine grössere Bedeutung, wenn man an Sattel, Gurt, Gebiss, Zaumzeug, Gamaschen und Bandagen denkt, die das Fohlen eines Tages tragen wird. Kann es jetzt tolerieren, dass man in diesen Bereichen Druck ausübt, so wird seine weitere Ausbildung, in der es auch um das Geritten-Werden gehen wird, ihm einen viel geringeren Schock versetzen. Es wird dann vielleicht neugierig sein, wenn es die verschiedenen Ausrüstungsgegenstände riecht oder berührt, mit denen man es später konfrontieren wird, aber es wird nicht wirklich Angst vor ihnen haben oder in Panik geraten, wenn es spürt, dass man ihm so etwas umlegt.

Übungen mit der Gerte

Wenn das Fohlen sich von all dem absolut nicht mehr beeindrucken lässt und Sie es überall berühren können, ohne Furcht auszulösen, nehmen Sie eine kurze Gerte, beispielsweise eine Springgerte, mit in die Box, an deren Ende ein Taschentuch gebunden ist. Erlauben Sie dem Fohlen, dieses Ding genau zu untersuchen, und streichen Sie dann mit der Gerte über seinen Körper, anstatt wie sonst mit den Händen. Es wird wahrscheinlich diesem neuen Ding gegenüber ein wenig misstrauisch sein, sollte aber keinen Grund haben, sich zu fürchten – schließlich ist zu hoffen, dass Sie es mit einem Tier zu tun haben, das noch nie einen Grund hatte, vor einem Stock in der Hand eines Menschen Angst zu haben. Hat das Fohlen seine Bedenken gegen das, was Sie da mit ihm machen, überwunden, sollte es auch keine Einwände haben, wenn Sie ihm das Taschentuch um die Ohren wedeln und sogar über die Augen fallen lassen.

Haben Sie es mit einem Fohlen oder Jungpferd zu tun, das schlecht behandelt worden ist, wird es natürlich Angst zeigen, sobald es eine Gerte sieht oder Sie die Hand heben. In solchen Fällen müssen Sie besonders einfühlsam vorgehen und sollten vielleicht mit einem kurzen Stöckchen ohne Taschentuch daran anfangen. Trotzdem sollten Sie diese Übung nicht auslassen! Für ein misshandeltes

UMGANG MIT DER STUTE

Beim Umgang mit einem Fohlen sollten Sie immer auch den Charakter der Stute beachten – auch die Mutter muss einfühlsam und vernünftig behandelt werden, wenn sie nervös ist oder ihr Fohlen beschützen will. Das Fohlen darf in keiner Weise das Gefühl haben, dass dies eine traumatische Erfahrung ist, und die Reaktionen seiner Mutter haben hierbei natürlich einen großen Einfluss. Wenn das Fohlen also sieht, dass seine Mutter in aller Ruhe ihr Heu mampft und sich offensichtlich überhaupt nicht an dem stört, was das Fohlen als Angriff empfindet, dann wird allmählich der Verdacht in ihm aufkeimen, dass Sie vielleicht doch nicht so lebensbedrohlich sind! Allerdings muss Ihr Verhalten diesen Verdacht untermauern, deshalb ist es von entscheidender Bedeutung, dass Sie dem Fohlen nicht weh tun oder etwas Unangemessenes von ihm verlangen.

Das Fohlen sollte die Gerte respektieren, aber keine Angst davor haben.

Beachten Sie ständig den Gesichtsausdruck und die Körpersprache des Fohlens und bedenken Sie, dass es eine sehr kurze Konzentrationsspanne hat. Achten Sie auf Zeichen der Unterordnung, wie Lecken, Kauen oder hängende Ohren. Ein müdes, quengeliges Fohlen kann nicht viel lernen, deshalb sollten Sie ihm häufig erlauben, zu saugen und sich auszuruhen. Die Lektionen brauchen nicht länger zu dauern als ein paar Minuten; Sie müssen jedoch immer zu Ende bringen, was Sie angefangen haben, und die Lektion immer mit einem Erfolg und einem Lob beenden.

Pferd ist es noch wichtiger als für jedes andere Pferd, dass es lernt, diese Behandlung zu tolerieren, damit es schließlich seine Angst überwinden und ohne Panik an diese Erfahrung zurückdenken kann.

Natürliche Reaktionen

Es kann jederzeit passieren, dass das Fohlen zur Seite springt oder nach diesem seltsamen Ding ausschlägt. Bleiben Sie am Ball und denken Sie daran, dass dies nicht persönlich gemeint ist. Vom Blickwinkel des Fohlens aus betrachtet, ist dieser Druck etwas, was seinen natürlichen Instinkten zuwiderläuft, es ist sich sicher, dass es das nicht zulassen sollte, und es weiß, dass der Mensch, der da neben ihm steht, dafür verantwortlich ist – noch versteht es nicht, dass Sie sein Freund sind. So wie das Fohlen die Dinge sieht, kämpft es gerade um sein Leben!

Für diese völlig normale Reaktion dürfen Sie das Fohlen nicht bestrafen, gleichzeitig dürfen Sie ihm aber auch nicht erlauben, Ihnen Ihre eigenen Reaktionen zu diktieren. Wenn Sie also jedes Mal zurücktreten, wenn das Fohlen eine Abwehrbewegung macht, bringen Sie ihm bei, dass es sich nur genug aufregen muss, um den Menschen dazu zu bringen, sich zu entfernen und nichts mehr von ihm zu verlangen. Das aber ist ein Gedanke, den es sich auf gar keinen Fall in den Kopf setzen soll! Es muss sich daran gewöhnen, einem Druck nachzugeben, und es muss herausfinden, dass es an ihm selbst liegt, sich die Komfortzone zu suchen.

Wenn ich sage, man könne ein Fohlen ›halten‹, meine ich damit nicht, dass man es festbinden oder sonst irgendwie festhalten soll. Es muss die Freiheit haben, normal zu reagieren, damit man es entsprechend korrigieren kann. So lernt es, dass solches Verhalten ihm nichts bringt. Wenn man ein Fohlen gewaltsam festhält, bekommt es nur Angst und wird sich dadurch in Gegenwart des Menschen nicht gerade wohler fühlen. Außerdem ist man bald gar nicht mehr in der Lage, das Fohlen allein mit Körperkraft zu kontrollieren, und dann fängt der Ärger richtig an.

Machen Sie sich und dem Fohlen das Leben leichter, indem Sie mit den Übungen in einem relativ kleinen und eingefriedeten Bereich anfangen, zum Beispiel in einer Box. Wenn die Stute sich dazwischen stellt, binden Sie sie an.

AKZEPTIEREN VON BERÜHRUNGEN

Beim Arbeiten am Kopf stimulieren Sie jeden der fünf Sinne des Fohlens gleichzeitig und schaufeln so jede Menge Informationen über den Menschen in sein Unterbewusstsein. Sie müssen es wirklich überall berühren und jede Berührung mindestens 30-mal wiederholen, damit die Lektion in seinem Gehirn verankert wird. Anfangs mag das Fohlen vorsichtig und misstrauisch sein, weil seine Fluchtinstinkte überwiegen. Die kleinen Auseinandersetzungen, die Sie in diesem Stadium mit ihm haben können, sind jedoch gar nichts, verglichen mit dem Stress, unter dem Sie beide leiden werden, wenn Sie mit der Erziehung warten, bis Sie einen übermütigen Absetzer vor sich haben.

Vom Kopf her arbeiten Sie sich mit kraulenden und klopfenden Bewegungen über den Hals zur Brust hinunter. Streichen Sie mit den Händen an jedem Bein entlang, heben Sie die Beine vorsichtig auf und klopfen leicht auf die Hufsohle. Beim Imprinting eines Neugeborenen kann es sein, dass das Fohlen mittlerweile aufstehen will. Daran dürfen Sie es ebenso wenig hindern, wie Sie ihm nicht das Saugen verwehren dürfen, wenn es das Bedürfnis danach hat. Sobald das Fohlen steht, lehnen Sie sich über seinen Rücken und umfassen seinen Körper mit den Armen, wobei leichter Druck in der Gurtlage ausgeübt wird. Dies könnte eine ziemlich heftige Reaktion auslösen; fahren Sie trotzdem konsequent damit fort, bis das Fohlen nachgibt und ruhig stehen bleibt.
Wenn Sie in Versuchung kommen, aufzugeben, sollten Sie sich vor Augen führen, dass Sie dem Fohlen einen Riesengefallen tun, wenn Sie es auf Sattel und Gurt vorbereiten, die in seinem zukünftigen Leben unvermeidlich eine große Rolle spielen werden.

Zuerst die Hufe

Denken Sie an all die Dinge, die Sie von einem ausgewachsenen Pferd erwarten, und bauen Sie sie an passender Stelle in die Lektionen des Fohlens ein. So ist es beispielsweise nie zu früh, um einen Fohlen beizubringen, die Hufe zu geben – auch wenn das manchmal leichter gesagt als getan ist. Als instinktivem Fluchttier widerstrebt es einem relativ ungezähmten Fohlen natürlich zutiefst, sich absichtlich selbst ›zum Krüppel‹ zu machen, indem es auf drei Beinen steht und seinen freien Fuß dem Feind in die Hand gibt. Damit gibt es schließlich seine größte Überlebenschance auf, falls etwas schief gehen sollte: in der Wildnis ist das Schicksal eines dreibeinigen Pferdes besiegelt.

Es ist also an Ihnen, das Fohlen davon zu überzeugen, dass Sie zum einen nicht der Feind sind und dass es zum zweiten seine natürlichen Instinkte ruhig ignorieren und Ihnen erlauben kann, seine Hufe aufzuheben. Geduld und ruhige Beharrlichkeit wird hierbei mit Sicherheit zum Erfolg führen. Diese Fotos wurden im Freien gemacht, um die Bildqualität zu verbessern; normalerweise sollten Sie jedoch in Anwesenheit der Stute in einer Box arbeiten. Das Fohlen sollte sich dabei frei bewegen können, damit es sich nicht gehalten oder gefangen fühlt. Schließlich handelt es sich hier um eine Vertrauensübung zwischen Pferd und Mensch, bei der es unfair wäre, alle Vorteile auf Ihrer Seite anzuhäufen. Sie lernen mehr über das Fohlen, wenn es frei reagieren kann. Je mehr das Fohlen sich entspannt, desto länger werden Sie seine Hufe hochhalten können, bis Sie schließlich ein wenig auf den Huf klopfen und ihn dann wieder absetzen können, wenn *Sie* es wollen. Außerdem sollten Sie, wenn das Fohlen sich allmählich entspannt, mehr Kontrolle darüber ausüben, wann es den Huf wieder absetzt, damit es sich nicht angewöhnt, Ihnen das Bein aus der Hand zu reißen, wenn es ihm gerade passt.

Sich an Hufen und Beinen herumfuhrwerken zu lassen, ist für das Fohlen wirklich eine größere Mutprobe. Sobald es das vertrauensvoll mit sich geschehen lässt, sollte es Sie auch an den Rest seines Körpers heranlassen. Jetzt hat man die Gelegenheit, ihm die Finger vorsichtig in die Ohren, unter den Schweif und sogar ins Maul zu stecken – das erscheint vielleicht ein wenig übertrieben, aber auf diese Weise wird das Fohlen auf Berührungen in diesen Bereichen weniger empfindlich reagieren, so dass später Dinge wie das Aufzäumen oder das Schneiden der Haare an den Ohren weniger traumatisch sind.

▲▼ ***Wie man deutlich sieht, besteht die erste Reaktion eines Fohlens, das es noch nicht gewöhnt ist, angefasst zu werden, darin, vor dem Kontakt mit dem Menschen zurückzuscheuen. Sie können diese Kontaktscheu überwinden, indem Sie sich mit den offensichtlich wohltuenden Putzbewegungen, die man bei Pferden auf der Weide beobachten kann, über seinen ganzen Körper arbeiten: kratzen Sie es an Mähnenkamm, Kruppe und Widerrist, oben auf der Schweifrübe, unter dem Bauch und zwischen den Augen.***

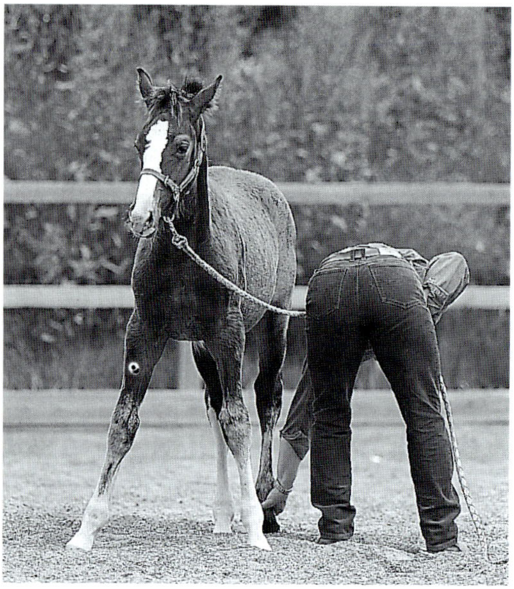

Wenn Sie die Fesseln des Fohlens berühren, wird seine natürliche Reaktion darin bestehen, den Fuß hochzuheben und aufzustampfen, um die Menschenhand abzuschütteln – wie es das auch mit einer lästigen Fliege tun würde. Das ist eine ganz natürliche Reaktion und es ist wichtig, es zu klopfen und zu beruhigen. In diesem Stadium sollten Sie noch nicht versuchen, den Huf für eine Weile hochzuhalten – auf drei Beinen zu balancieren ist für ein Fohlen gar nicht so leicht, wie es aussieht, und verständlicherweise würde es in Panik geraten, wenn es das Gefühl hat, dass es jeden Augenblick umfallen könnte. Bei jedem Versuch wird es ein wenig länger dauern, bis das Fohlen den Huf wieder absetzt, bis Sie ihn schließlich jedes Mal mehrere Sekunden lang hochhalten können. Wenn das Fohlen den Huf wegziehen will, versucht man, die ganze Zeit Kontakt mit dem Bein zu halten, bis es lernt, dass Sie zwar keine Gefahr darstellen, sich jedoch auch nicht abschütteln lassen.

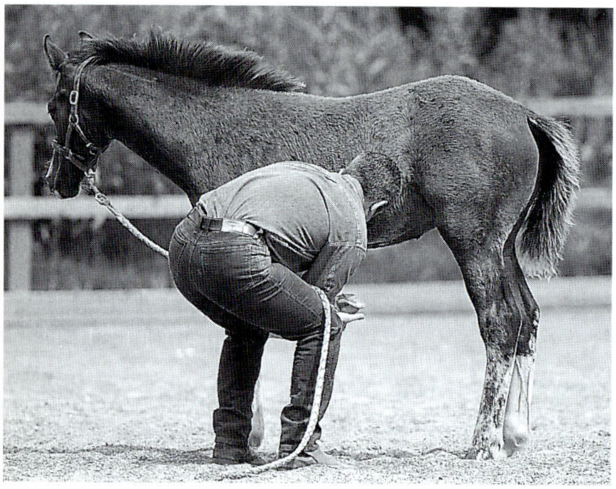

Machen Sie dann mit einem anderen Huf weiter – und seien Sie dabei darauf vorbereitet, wieder ganz von vorn anfangen zu müssen, weil das Fohlen eine Lektion, die es auf einer Körperseite gelernt hat, nicht unbedingt auf die andere Körperseite übertragen kann. Es sollte Sie also nicht überraschen, wenn Sie wieder bei Null anfangen müssen. Wiederholen sie das Ganze geduldig mit jedem Huf, bis das Fohlen sich nichts mehr dabei denkt, und lassen Sie es dann eine andere Person versuchen.

Im Lauf der Zeit können Sie auch mit einem Hufkratzer gegen die Hufe klopfen und die Beine ein wenig nach vorn und hinten ziehen, wie es der Hufschmied tut. Das Fohlen soll dabei schließlich ganz gelassen bleiben.

▲ ***In diesem Stadium geht es in der Erziehung um Grundsätzliches, aber das ist trotzdem geistig anstrengend für ein Fohlen.***

Wenn Schwierigkeiten auftreten...

Wenn Sie es mit einem Fohlen zu tun haben, das noch keine Erfahrung im Umgang mit Menschen hat, oder mit einem älteren Pferd, das nicht gern die Hufe gibt, dann gibt es noch andere Techniken, die hilfreich sein können – die Erziehungsmaßnahme auf einen anderen Tag zu verschieben, gehört allerdings nicht dazu! Es ist unbedingt nötig, einem jungen Pferd beizubringen, dass der Mensch seine Hufe und Beine berühren darf. Ganz abgesehen von dem psychologischen Vorteil, der sich daraus ergibt, dass das Fohlen Ihnen so weit vertraut, dass Sie sogar seine Hufe hochheben dürfen, sollte es sich daran gewöhnen, irgendwelche beengenden Dinge um die Beine zu tolerieren. Später müssen Sie ihm vielleicht Gamaschen oder Bandagen anlegen, und es soll auch kein Problem daraus machen, wenn es Stränge oder Doppellongen an den Beinen spürt. Und schließlich soll es später nicht allzu sehr erschrecken, wenn man ihm Hufeisen anpassen will. Sollte einmal ein Unfall passieren, wird ein Pferd, das Berührungen an den Beinen kennt, weniger leicht in Panik geraten und dadurch die Sache verschlimmern – beispielsweise, wenn es auf der Weide oder beim Ausritt mit einem Huf im Draht hängen bleibt. Solche Dinge sollten zwar nicht vorkommen, aber im realen Leben passieren sie eben doch.

Fangen Sie oben an jedem Bein an und arbeiten sich so weit herunter, wie das aus der ›Umarmungshaltung‹ am Fohlenhals geht. Es sollte eigentlich möglich sein, auf beiden Seiten ein wenig am Oberarm herunterzugreifen; viel weiter herunter werden Sie jedoch nicht kommen – es sei denn, Sie sind sehr groß und das Fohlen sehr klein. Nehmen Sie sich deswegen als nächstes die Gerte mit dem Taschentuch mit in die Box und streichen damit an den Beinen des Fohlens herunter. So bleiben Sie außer Reichweite eventueller Tritte, während das Tier sich daran gewöhnt, irgendwelche Sachen an den Beinen zu spüren. Selbst wenn es ausschlägt, können Sie auf diese Art weitermachen, bis dem Fohlen klar wird, dass das komische Ding da an den Beinen deswegen auch nicht verschwindet. Wenn es sich vernünftig benimmt, können Sie es belohnen, indem Sie die Gerte wegnehmen. Das Fohlen sollte mit Ihnen und der Gerte vertraut genug sein, um keine Angst zu haben und keinen Versuch zu machen, wegzulaufen. Trotzdem wird dieses neue Gefühl des Taschentuchs an seinen Beinen fast immer dazu führen, dass es das Bein hochzieht und wieder aufstampft, was ja der erste Schritt der Lektion »Hufe geben« ist. Ist das Fohlen wild entschlossen, keinen Huf hochzuheben, werden Sie wahrscheinlich mit ziemlichem Nachdruck mit der Gerte gegen das Bein klopfen müssen, um eine Reaktion zu erzielen. Das Fohlen spürt das sehr wohl, es ignoriert den Menschen nur, also dürfen Sie sich auch Gehör verschaffen!

Die Benutzung der Gerte hält Sie aus der Gefahrenzone, aber so bald wie möglich sollten Sie mit den Händen arbeiten, anstatt mit der Gerte. Wenn das Fohlen den Huf nur leicht anhebt und ihn dann wieder aufstampft, lassen Sie dies zu, ohne aber das Bein loszulassen. Wenn Sie es loslassen würden, würden Sie dem Fohlen damit unbeabsichtigt beibringen, dass es Sie mit solchem Verhalten wirkungsvoll abschütteln kann. Bei jedem Versuch sollte es den Huf ein wenig länger in der Luft halten, bis es versucht, ihn wieder abzusetzen. Es ist wichtig, dass Sie die Zeitspanne, in der es ihn oben hält, dazu nutzen, es zu loben und zu beruhigen, so dass die Erfahrung des ›Auf-drei-Beinen-Stehens‹ so angenehm wie möglich für das Fohlen wird.

Im nächsten Stadium bringt man dem Jungpferd bei, den Huf auf Kommando zu heben und wieder abzusetzen, anstatt ihm die Entscheidung zu überlassen, wann es das jeweils tun will. Dazu kippen Sie ein Bein ein wenig nach vorn, so dass es auf der Zehe steht. Das ist ziemlich leicht zu bewerkstelligen, indem Sie einfach gegen die Rückseite des Karpalgelenks drücken oder das Sprunggelenk in die natürliche Bewegungsrichtung beugen. Dadurch wird der jeweilige Huf entlastet, und das Fohlen sollte für einen kurzen Augenblick zulassen, dass Sie diesen Huf vom Boden heben. Versuchen Sie nicht, den Huf zu hoch zu heben – am Anfang sind einige Zentimeter schon eine ganze Menge. Darauf sollten Sie den Huf sofort wieder zurücksetzen, *bevor* das Fohlen an dem Punkt angelangt ist, an dem es das Bein wegziehen will. So hat es weniger Gelegenheit, eine Szene zu machen, und Sie können es für sein gutes Benehmen loben. Sobald Sie diesen Grundstein gelegt haben, ist es nur noch eine Sache der Übung, das Bein immer höher und länger hochzuhalten. Bei einem Pferd, das am Boden ›festgefroren‹ zu sein scheint, schieben Sie den Kopf zur Seite, um sein Körpergewicht auf das andere Vorderbein zu verlagern. Nehmen Sie Rücksicht darauf, dass das Pferd auf drei Beinen schlecht sein Gleichgewicht halten kann, und versuchen Sie nicht, den Huf zu lange hochzuhalten.

Gewöhnung an Halfter und Geführt-Werden

Den meisten Leuten ist klar, wie wichtig es ist, ihr Fohlen während der ersten Lebenswochen an ein Halfter zu gewöhnen. Körperlich und psychisch sind das Tragen eines Halfters und das Herumgeführt-Werden an einem Führstrick für das Fohlen die ersten Lektionen in Disziplin und Gehorsam, die einen großen Schritt auf seinem Wege zum liebenswerten Hauspferd darstellen. Leider wird dieses so wichtige frühe Training oft schlampig oder unvollständig durchgeführt, wie man an den beängstigenden Erfahrungen sehen kann, die viele Leute mit ihren Jungpferden machen; aber auch bei einem kurzen Blick in die Fohlenklassen auf Pferdeschauen. Dass ein Fohlen keinen Aufstand mehr macht, wenn man ihm ein Halfter anlegt, heißt noch lange nicht, dass es an das Halfter gewöhnt ist – ebenso wenig wie ein Pferd, das sich einen Sattel auflegen lässt, bereits voll eingeritten wäre! Einige der häufigsten Probleme mit Pferden jeden Alters, bei denen ich um Rat gefragt werde – Losstürmen beim Führen, Kleben, Losreißen beim Anbinden, Sträuben beim Verladen – lassen sich auf die Tatsache zurückführen, dass diese Pferde nie wirklich ans Halfter gewöhnt wurden.

Die gute Nachricht lautet, dass Sie damit anfangen können, sobald Sie möchten – es ist nie zu früh, ein höfliches Fohlen zu haben, das Sie unabhängig von seiner Mutter führen können. Je eher Sie anfangen, sich das Vertrauen des Fohlens zu erwerben und mit ihm umzugehen, desto besser, aber Sie müssen auch seine Grenzen anerkennen. Fohlen mögen den Anschein erwecken, als ob sie unendlich viel Energie hätten, aber sie haben eine sehr kurze Aufmerksamkeitsspanne und ihre Lektionen sind für sie geistig anstrengend, so dass Sie einem Fohlen häufige Ruhe- und Trinkpausen gönnen sollten.

Betrachten Sei dieses Stadium in der Ausbildung des Pferdes als ›Kindergarten‹ – da sind lange, komplizierte Lektionen ebenso fehl am Platze wie höchste Disziplin. Man sollte das Lernen als eine Art Spiel anbieten, das Spaß macht und das das Fohlen gern spielt.

Ein Pferd, das wirklich ans Halfter gewöhnt ist, versteht genau, was Druck bedeutet. Es reagiert nicht nur sofort auf den Druck, den ein Halfter ausübt, sondern es weiß schon vorher, was kommen wird – es beobachtet seinen Führer so aufmerksam, dass es seinen Bewegungen wie ein Schatten folgt und der Führstrick immer gleich stark durchhängt. Das Ergebnis ist ein Pferd, mit dem der Umgang Spaß macht, ein Pferd, das von klein auf so gut auf den Menschen eingestimmt wurde, dass es seine Körpersprache beobachtet und darauf reagiert. Denken Sie nur einmal an all die Gelegenheiten, bei denen man regelmäßig an den Kopf eines Reitpferdes heran muss. Man muss ihm ein Zaumzeug und ein Halfter anlegen, deren korrekten Sitz überprüfen, beim Putzen die Augen und Ohren säubern, vielleicht im Kopfbereich scheren, Mähne und Schopf verziehen, einen Genickschutz für den Transport anbringen oder ein Mückennetz für die Weide... die Liste ließe sich noch weiterführen. Und nun denken Sie einmal an all die Pferde, die Sie kennen und die bei den oben aufgeführten Vorgängen kopfscheu oder schwierig reagieren. Pro Stall gibt es normalerweise mindestens ein solches Pferd. Wenn körperliches Unbehagen aufgrund von schlecht sitzendem Sattel- oder Zaumzeug oder wegen Ohrenmilben ausgeschlossen werden kann, bleibt als Ursache meist eine schlechte Erziehung.

Es widerstrebt den natürlichen Instinkten eines Pferdes, jemanden an seinen Kopf und an andere verletzliche Bereiche heran zu lassen. Wenn es aber gelassen auf all die Anforderungen reagieren soll, die an ein Hauspferd gestellt werden, dann muss es lernen, dass der Mensch absolut das Recht hat, es überall zu berühren – selbst an den verletzlichsten Stellen, wie am Kopf oder unter dem Bauch. Sie können eine Menge tun, um Ihr Fohlen auf sein

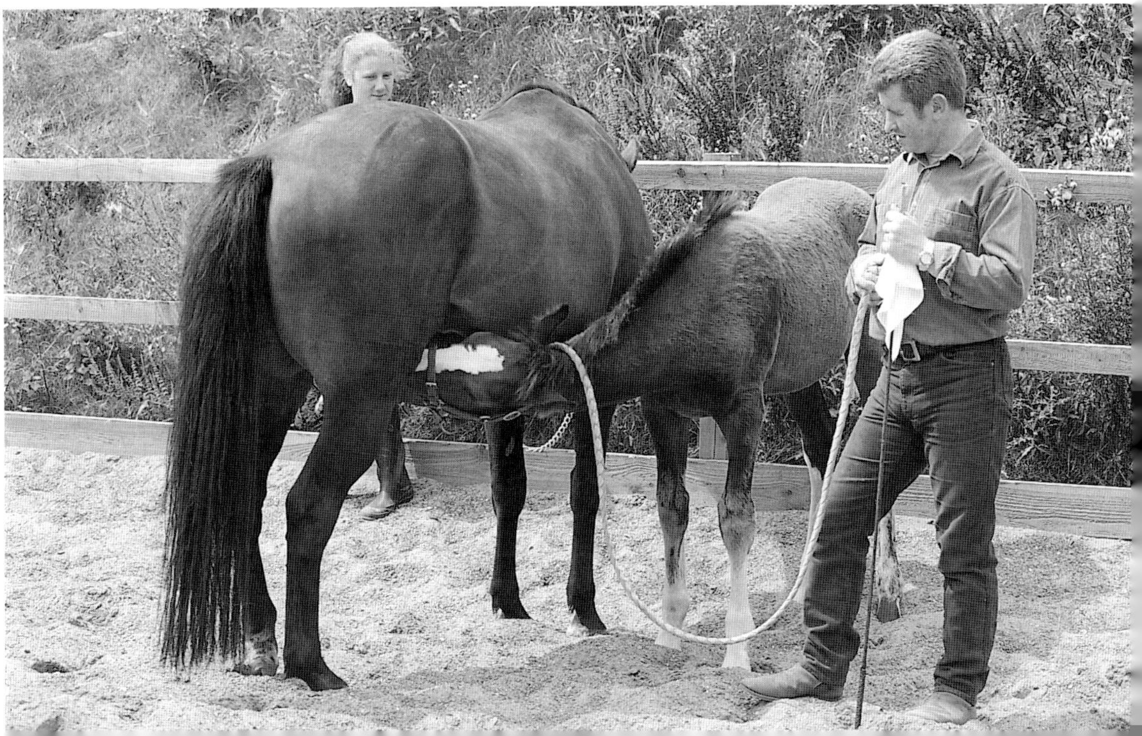

späteres Leben vorzubereiten, und Sie können es tun, während es noch sehr jung ist – also sollten Sie damit besser nicht so lange warten, bis Sie es mit einem voll ausgewachsenen Pferd zu tun haben.

Sobald das Pferd diese grundlegende Lektion verstanden hat, hat man den Grundstock für ein wohlerzogenes Pferd. Wenn dann die Zeit kommt, Druck durch ein Gebiss in seinem Maul oder mit einem Bein gegen seinen Bauch auszuüben, sollte es auch darauf mit einem Nachgeben reagieren.

IN DEN DRUCK HINEIN

Es ist wichtig, zu verstehen, dass Pferde Tiere sind, die sich in einen Druck hineinbewegen. Ein nicht ausgebildetes Pferd wird sich instinktiv in eine Druckquelle hineinlehnen. Sie brauchen Zeit und Geduld, um einem Pferd beizubringen, dass es sich von dem Druck wegbewegen soll. Das ist einer der Gründe, warum ein Pferd jahrelang ausgebildet werden muss, bevor es ein gehorsames, arbeitswilliges Reitpferd ist, das auf feinste Hilfen von Schenkel oder Hand reagiert. Beobachten Sie einmal beim Putzen, wie das Pferd reagiert, wenn Sie sich bei jedem Kardätschenstrich gegen das Pferd lehnen. Was wird es tun? Es wird sich natürlich dagegenlehnen – wenn Sie plötzlich den Druck aufgeben, können Sie sehen, wie es in die Bewegung hineinschwankt. Jeder, der schon einmal mit der Schulter gegen die Hinterhand eines Pferdes gedrückt oder eine Longe darumgelegt hat, weil das Tier nicht in den Hänger gehen wollte, wird dieses »in den Druck hinein« erlebt haben, weil das Pferd sich in einem solchen Fall noch weiter nach hinten sacken lässt und sich als Reaktion auf den Druck, den es hinter sich spürt, regelrecht hinsetzen kann.

Führen Sie sich auch einmal vor Augen, welche Wirkung diese Reaktion auf seine Arbeit unter dem Sattel haben wird: sein Instinkt wird ihm sagen, dass es auf das Ziehen des Menschen mit Dagegen-Ziehen reagieren muss! So wird ein Reiter mit einer harten Hand sich ein Pferd mit einem harten Maul heranziehen, und bei der Arbeit an der Hand wird dasselbe passieren.

Wenn Sie ein Fohlen an das Halfter gewöhnen, müssen Sie diesen natürlichen Instinkt, sich in einen Druck hineinzubegeben, überwinden, indem Sie diese Reaktion ungemütlich machen, während Sie das Ausweichen vor dem Druck belohnen (siehe unten). Die auf den folgenden Seiten gezeigte Methode klappt bei jedem Pferd, vom Fohlen bis zum drängelnden älteren Pferd, dem man an der Hand etwas Benehmen beibringen muss.

▲▼ Das Fohlen muss lernen, dass das Leben ungemütlich wird, wenn es am Führstrick zieht, während es dagegen die Komfortzone betritt, wenn es seinen Kopf zum Menschen bringt und so nahe kommt, dass der Führstrick locker durchhängt.

Gewöhnung an das Halfter

Beginnen Sie mit einem gut sitzenden Halfter und einem langen Führstrick. Bei einem älteren Pferd können Sie es mit einem ›Zughalfter‹ versuchen oder für die ersten Korrekturlektionen den Strick in einer Schlinge über seinen Nasenrücken führen. Wenn das Fohlen noch sehr klein ist, müssen Sie ihm erst einmal beibringen, dass es dafür belohnt wird, dass es den Kopf nahe beim Menschen hält. Fangen Sie damit in der Box an und nehmen Sie eine kurze Gerte mit, an deren Ende ein Taschentuch gebunden ist. Mit dieser Gerte streichen Sie dem Fohlen über den gesamten Körper, bis es keine Angst mehr davor hat. Dann halten Sie den Führstrick fest und berühren oder kitzeln die Hinterhand des Fohlens mit der taschentuchbewehrten Gerte, bis es die Hinterhand von Ihnen wegbewegt.

Dadurch bewegt es ganz von selbst den Kopf in Ihre Richtung. An diesem Punkt müssen Sie den Führstrick sofort locker lassen und das Fohlen belohnen, indem Sie es am Kopf kraulen. Wiederholen Sie diesen Vorgang auf jeder Körperseite mehrere Male, bis das Fohlen bereits im Voraus weiß, was die Sache mit der Gerte soll, und dem Menschen schon den Kopf zuwendet, bevor es an der Hinterhand etwas gespürt hat. Die Belohnung für dies Verhalten muss immer aus einem freundlichen Kraulen und einem augenblicklichen Nachgeben des Druckes auf sein Halfter bestehen, außerdem verschwindet sofort die lästige Gerte an der Hinterhand. Schlagen Sie das Pferd niemals mit der Gerte: der Sinn der Gerte liegt nicht darin, Angst oder Schmerz auszulösen, sondern darin, einen logischen Lernvorgang einzuleiten. Dieses Fohlen hat gespürt, dass mehr Druck auf sein Halfter ausgeübt wurde, und weiß, wohin es gehen muss, damit er nachläßt.

Wenn Sie also den Führstrick locker durchhängen lassen, hat das Pferd den Freiraum, um auch einmal einen Fehler zu machen, den Sie dann korrigieren können. Lassen Sie dem Pferd dagegen keinen Freiraum und versuchen, jede falsche Bewegung von vornherein zu verhindern, wird es nichts lernen. Das Pferd soll die Bewegungen des Menschen beobachten und ihnen folgen, nicht umgekehrt.

Wenn Sie sicher sind, dass das Pferd die Lektion verstanden hat (was wahrscheinlich mehrere Tage dauern wird), können Sie testen, wie gut es sich an das Halfter gewöhnt hat, indem Sie beim Führen des Pferdes scharfe Wendungen machen oder die Geschwindigkeit ändern. Das Pferd sollte Ihnen folgen, ohne dass der Strick sich strafft, und sollte sehr darauf achten, seinen Kopf nahe bei Ihnen in der Komfortzone zu halten. Wenn seine Aufmerksamkeit abschweift, nehmen Sie die Gerte und tippen es an der Hinterhand an, damit es sie wegdreht, oder man zieht einmal kurz und deutlich am Halfter und lässt sofort wieder locker, um das Pferd daran zu erinnern, welche der beiden Möglichkeiten die angenehmere ist.

Tipps für Ausbilder

Häufig wird der Fehler gemacht, den Führstrick zu kurz zu halten, so dass die Hand des Ausbilders direkt unter dem Kinn des Pferdes liegt, wobei er am Strick zieht und versucht, den Pferdekopf in die richtige Richtung zu ziehen. Nach dem Prinzip des »in den Druck hineinbewegen«, das bereits erklärt wurde, wird man damit das Pferd nur ermuntern, dagegen zu ziehen und am Führstrick loszustürmen. Arbeiten Sie vorbeugend statt heilend. Sie würden ja auch nicht einem unschuldigen Kind nur für den Fall, dass es etwas Verbotenes vorhat, einen Klaps geben – Sie würden warten, bis es wirklich einen Fehler gemacht hat, weil Sie dann die Situation vorteilhaft nutzen und das Kind erziehen können.

▶ ***Sobald das Pferd sich mit dem Geführt-Werden angefreundet hat, können Sie es auf Spaziergänge mitnehmen. Gehen Sie dabei in Höhe seiner Schulter oder etwas weiter vorn. Wenn das Pferd versucht, Sie zu überholen, stemmen Sie die Füße in den Boden, so dass es ruckartig zum Stehen kommt. Holen Sie sich dann den Pferdekopf etwas heran, lassen den Führstrick durchhängen und belohnen das Tier mit einem Klopfen oder Kraulen. Die Botschaft muss ganz klar sein: »Hier ist die Komfortzone. Bleib bei mir und alles ist gut – versuch deinen eigenen Kopf durchzusetzen, und du machst dir selbst das Leben schwer.« Wenn es nötig ist, nehmen Sie dabei weiter die Gerte mit dem Taschentuch mit, so dass Sie Ihrer Botschaft Nachdruck verleihen können. Bei einem Fohlen müssen Sie darauf achten, dass wirklich Sie derjenige sind, der die Geschwindigkeit angibt, und dass es nicht nur einfach seiner Mutter nachläuft. Wenn ein Fohlen vernünftig an das Halfter gewöhnt ist, sollten Sie es von seiner Mutter wegführen und sogar für kurze Zeit mit ihm aus ihrer Sichtweite gehen können.***

PROBLEMLÖSUNGEN: DAVONSTÜRMEN BEIM FÜHREN

Ein Pferd, das wirklich ans Halfter gewöhnt wurde, ist sich deutlich des Individualbereichs bewusst, der seinen Menschen umgibt (siehe Kapitel 1) und achtet sorgfältig darauf, nicht in diesen Bereich einzudringen, so dass Sie kaum Gefahr laufen, sich die Zehen zertrampeln zu lassen, oder befürchten müssen, umgerannt zu werden, falls das Pferd scheut. Die Gewöhnung an das Halfter betont auch die Individualdistanz. Deswegen ist das Rückwärtsrichten eine gute Übung für ein Pferd, das gern seine Kraft spielen lässt und die Leute durch die Gegend schleift. Nehmen Sie dazu eine aggressive Haltung ein (siehe Kapitel 1) und marschieren geradewegs auf das Pferd zu. Wenn es darauf nicht durch Zurücktreten reagiert, schnalzen Sie ihm den Führstrick entgegen oder schlagen damit Wellen, bis es einen Schritt zurücktritt – dann hören Sie sofort damit auf und belohnen das Pferd. Damit machen Sie Ihre absolute Autorität geltend und erinnern das Pferd daran, dass Sie hier der Chef sind. Außerdem muss das Pferd lernen, dass die Sache mit der Individualdistanz einseitig ist: der Mensch darf jederzeit in den Individualbereich des Pferdes eindringen und es berühren, aber das Pferd muss warten, bis es zum Eintreten in den Individualbereich des Menschen eingeladen wird. Es geht dabei darum, sich den Respekt des Pferdes zu erhalten und sicherzustellen, dass es immer noch der Mensch ist, dem die entscheidende Stimme zufällt, falls es zu einer Unstimmigkeit zwischen Mensch und Pferd kommt.

▲ Ein Pferd, das vernünftig an das Halfter gewöhnt wurde und die Individualdistanz des Menschen anerkennt, sollte jederzeit problemlos an der Hand rückwärts zu richten sein.

◀ Bei einem Pferd, das am Führstrick losstürmt und deswegen korrigiert werden muss, werden Sie etwas deutlicher werden müssen und vielleicht sogar auf ein Druckhalfter zurückgreifen oder ihm den Führstrick um die Nase schlingen müssen, um es so weit zu bringen, dass es den Druck respektiert. Wenn es an Ihrer Schulter vorbeiläuft und anfängt, die Sache selbst in die Hand zu nehmen, stemmen Sie die Füße in den Boden und lassen ihm keine andere Wahl, als sich zu Ihnen hinzudrehen.

DAS KÖRPERBAND

Wenn ein Fohlen sehr ungebärdig ist und anfängt, seine Kraft gegen den Menschen einzusetzen, kann ein erfahrener Ausbilder versuchen, es mit Hilfe eines Körperbandes in Form einer Acht zu führen. Dazu nimmt man einen weichen Strick, Gurtmaterial oder eine Bandage und legt damit eine Schlaufe um die Hinterhand, die man am Widerrist verknotet. Das andere Ende lässt man über die Schulter und quer vor der Brust verlaufen. So hat der Pferdeführer eine bessere Kontrolle und kann das Fohlen ermuntern, sich vor- oder rückwärts zu bewegen, je nachdem, auf welche Schlaufe Druck ausgeübt wird. Im Gegensatz zur traditionellen Technik, ein Handtuch oder ähnliches um die Hinterhand zu legen, fallen diese Schlaufen nicht herunter, wenn das Fohlen ausschlägt oder andere Einwände anbringt. Das Fohlen sollte, wie immer, sein Halfter mit einem Führstrick daran tragen, und das Körperband wird nur dann zur Betonung eines Kommandos benutzt, wenn es nötig ist.

• • • AUF EINEN BLICK • • •

- *Die ›Schulstunden‹ sollten kurz und positiv verlaufen.*
- *Bringen Sie dem Fohlen so bald wie möglich bei, sich vernünftig führen zu lassen – die korrekte Gewöhnung an das Halfter hat Einfluss auf seine gesamte zukünftige Ausbildung.*
- *Das Aufheben der Hufe ist nicht nur eine gute Vorbereitung auf den Besuch beim Schmied. Es zeigt auch, dass das Tier Ihnen vertraut, denn für ein Fluchttier stellt diese Handlung eine wichtige Entscheidung dar.*
- *Gehen Sie einer Konfrontation nicht aus dem Wege, wenn es wirklich nötig ist: das Fohlen wird jeden Tag stärker, und Sie sind dafür verantwortlich, dass es sich nicht zu einem Problempferd entwickelt.*
- *Berücksichtigen Sie beim Umgang mit einem Fohlen auch dessen Charakter. Manche sind von Natur aus frecher als andere.*
- *Beginnen Sie lieber früher als später mit allen Vorübungen, da die Lernkurve eines Fohlens direkt nach der Geburt am steilsten verläuft.*
- *Jetzt ist der richtige Zeitpunkt, um empfindliche Bereiche am Fohlenkörper zu berühren. Erlauben Sie dem Fohlen nicht, sich den Menschen so zu erziehen, dass er diese Bereiche nicht berühren darf.*
- *Bedenken Sie, mit was für Ausrüstungsgegenstände das Fohlen eines Tages konfrontiert werden wird, und konzentrieren Sie das Berührungstraining stärker auf die entsprechenden Bereiche, um sie zu desensibilisieren.*
- *Denken Sie daran, dass Sie die Weichen für das gesamte Pferdeleben stellen. Die zukünftige Haltung des Fohlens dem Menschen gegenüber hängt davon ab, wie es jetzt behandelt wird.*

Kapitel 4

Rebellische Teenager (6 bis 18 Monate)

Ganz egal, wie gut man sein ›Kind‹ zu erziehen versucht: es wird immer ein Zeitpunkt kommen, an dem dieses Kind seine Erziehungsberechtigten testet und rebellisch wird. Bei wildlebenden Pferden geschieht dies normalerweise, wenn sie reif genug sind, um die Herde zu verlassen oder sich mit anderen zu paaren; sie sind dann praktisch im »Teenager«-Alter. Instinkt und Hormone sagen ihnen, dass sie sich nun um des Überlebens willen durchsetzen müssen, wobei sie körperlich ja auch wirklich erwachsen sind – doch es fehlt ihnen das ruhige Selbstvertrauen und die Erfahrung des älteren Pferdes, das die Welt kennt.

Bei Hauspferden kann die rebellische Ader jederzeit zum Vorschein kommen; oft passiert das, wenn ein neuer Eigentümer oder Pfleger ins Spiel kommt. Ich kann mit voller Überzeugung sagen, dass es nicht in der Natur des Pferdes liegt, sich absichtlich schlecht zu benehmen – also kann man durchaus von der Annahme ausgehen, dass es in diesem Stadium lediglich herauszufinden versucht, ob der zuständige Mensch ein würdiger Anführer ist. Man kann ihm daraus keinen Vorwurf machen, denn Pferde stammen aus einer Welt, in der ein starker Anführer wichtig ist, weil er das Überleben der Herde sichert. Wenn nun das Pferd diese Frage stellt, ist es wichtig, dass der Mensch in der Lage ist, es davon zu überzeugen, dass es den Menschen als Chef anerkennen muss. Wenn man diese Frage ignoriert, wird es die Autorität des Menschen ständig weiter herausfordern. Der Mensch muss sich also durch sein Verhalten den Respekt des Pferdes verdienen: es muss sich als bestimmt, fair und vernünftig erweisen. Das bedeutet nicht, dass man hart mit dem Pferd umgehen muss, aber man darf niemals versuchen, sich durch nachgiebige Behandlung bei ihm beliebt zu machen. Ein Pferd wird den Menschen nicht besser leiden können, weil dieser nachgiebig ist und ihm seine schlechten Manieren durchgehen lässt; es fühlt sich ganz im Gegenteil viel wohler, wenn es Respekt vor dem Menschen haben kann. Denken Sie nur einmal an Ihren Lieblingslehrer in der Schule zurück, für den man die Hausaufgaben immer pünktlich zu machen versuchte – wahrscheinlich war es weder der ›netteste‹ Lehrer noch derjenige, vor dem Sie am meisten Angst hatten, sondern es war der Lehrer, den Sie gleichzeitig mochten und respektierten. Wenn Sie dann noch in dem Fach, das dieser Lehrer unterrichtete, gut waren, dann war das nur um so besser.

Bei einem wilden Pferd fällt den dominanten Stuten die Aufgabe zu, für Frieden und Ordnung zu sorgen und darauf zu achten, dass die Teenager ihre guten Manieren nicht vergessen. Wo solche Stuten fehlen, muss der Mensch die Rolle des Lehrers und des Vorgesetzten übernehmen. Wenn man einem Hauspferd sein aufsässiges Verhalten ohne Widerstand durchgehen lässt, wird es aus dieser Phase wahrscheinlich nicht herauswachsen. Es kann ja sein, dass der Mensch wirklich weiß, was er erreichen will, und dass das Pferd auch in der Lage ist, so weit zu kommen, aber wenn man nicht darauf besteht, dass Auseinandersetzungen durchgestanden werden, wird in dieser Beziehung immer noch eine unabdingbare Voraussetzung für den Erfolg fehlen: der Respekt.

Join-up

Im Verlauf der letzten Jahre haben sowohl Monty Roberts' als auch meine Methoden größere Bekanntheit erlangt. Viele Menschen sind ganz begeistert von Monty Roberts' Konzept des ›Join-up‹, bei dem das Pferd sich freiwillig dem Menschen anschließt. Dieser Join-up ist ein ganz einfacher Vorgang, der sich den natürlichen Instinkt des Pferdes zunutze macht, als Reaktion auf eine wahrgenommene Bedrohung zu fliehen. *Der Mensch* ist diese Bedrohung, denn das Pferd sieht ihn als Raubtier an (aus Gründen, die in Kapitel 1 besprochen wurden. Wenn zwischen dem Raubtier und der Beute eine Abmachung besteht, kann das für die Beute nur von Vorteil sein – und das Pferd weiß das, auch wenn es einige Zeit dauern mag, bis man seine Befürchtungen gänzlich beschwichtigen kann und es erkennt, dass man ihm ein absolut ernst gemeintes Freundschaftsangebot macht. Sobald ein Pferd dies akzeptiert hat, bekräftigt es den Handel auf seine Art mit einem Handschlag: es schließt sich dem Menschen an. Pferde sind ehrliche und großzügige Geschäftspartner. Wenn ein Pferd sein Wort gegeben und sich mit dem Menschen in einem Join-up zusammengetan hat, ist diese Entscheidung praktisch unwiderruflich.

Sobald es zu einer Einigung gekommen ist und ein Join-up stattgefunden hat, bedeutet diese großzügige Grundhaltung des Pferdes, dass es normalerweise nur zu gern bereit ist, dem Menschen zu Gefallen zu sein – vorausgesetzt, es hat das Gefühl, ihm trauen zu können. Damit ist der Mensch in einer starken Position, wenn er das Pferd um einen Gefallen bittet, wie zum Beispiel: »Wie wäre es, wenn ich dir diesen Sattel auflegen würde und du mich auf deinem Rücken sitzen ließest?« Das ist der Grund, warum der Join-up es ermöglicht (auch wenn das nicht unbedingt wünschenswert ist), ein rohes Pferd in weniger als dreißig Minuten anzureiten, wie Monty Roberts es immer wieder demonstriert. Er benutzt anstelle der traditionellen Methode der häufigen Wiederholungen den Join-up und die Psychologie des Vertrauens, um einem Pferd beizubringen, Sattel und Reiter zu akzeptieren.

Zwar sind für einen Join-up Verständnis für Pferdepsychologie und Körpersprache notwendig, aber im Grunde ist es ein rein körperorientierter Ablauf, auf den jedes Pferd reagiert und den jeder Pferdebesitzer mit etwas Beobachtungsgabe durchführen kann. Ein Pferd muss kein Wildpferd sein, um darauf zu reagieren, obwohl es sein instinktives Verhalten natürlich umso deutlicher zeigen wird, je roher es ist. Selbst das älteste und abgestumpfteste Hauspferd hat noch so viel Verbindung zu seinen primitiven Instinkten, dass es bis zum Ende seiner Tage auf die Join-up-Methoden reagiert – es ist also nie zu spät!

RESPEKT ERWERBEN

Auf die Größe kommt es nicht an, und im Umgang mit Pferden ist die Größe sogar gar völlig bedeutungslos, weil selbst das kleinste Pferd noch stärker ist als der größte Mensch. Es bringt also überhaupt nichts, es bei irgendwelchen Erziehungsmaßnahmen auf ein Kräftemessen mit dem Pferd ankommen zu lassen, denn diesen Kampf verlieren Sie mit Sicherheit. Trotzdem sind die Pferdebesitzer, die ich am häufigsten mit Respekt-, Führ- und Aggressionsproblemen kämpfen sehe, kleine Frauen mit großen Warmblütern. Manchmal machen diese Pferde beim Umgang mit anderen Leuten des Stalles keinerlei Ärger und setzen ihre »Kraftspielchen« nur gegen ihre zierlichen Besitzerinnen ein – die ja ironischerweise gerade diejenigen sind, die sich am meisten bemühen, Spaß und Freude mit ihren Pferden zu erleben. Solche Fälle zeigen nur umso deutlicher, wie wichtig es ist, bei Pferden psychologisch vorzugehen, anstatt Körperkraft einzusetzen, und sie bringen uns wieder zu den grundlegenden Lektionen zurück, die ein Fohlen von Anfang an lernen sollte: es sollte die Anwesenheit und die Autorität des Menschen akzeptieren, korrekt ans Halfter und ans Geführt-Werden gewöhnt sein und den Individualbereich des Menschen respektieren. Egal, wie das Problem aussieht: die Lösung (oder zumindest der Ansatz zur Lösung) liegt darin, diese Grundlagen wieder zu schaffen.

Ein Pferd, das nicht festgehalten wird und trotzdem den Bewegungen des Menschen wie ein Schatten folgt und wie ein Hund an seinen Fersen hängt. Dies erinnert an diese mystische Vereinigung, die die sogenannten »Pferdeflüsterer« erzielen können. Viele Leute sehen so etwas mit Staunen und scheinen zu glauben, dass es von einem seltenen und vollständigen Verstehen zwischen Pferd und Mensch zeugt, das nur Menschen mit besonderer Begabung zugänglich ist. Zu unser aller Glück ist das absolut nicht wahr.

Zu Beginn des Join-up

Statt des Begriffs »Join-up« kann man auch den Ausdruck »Vormarsch und Rückzug« verwenden. Man übt dabei nämlich psychologischen Druck auf das Pferd auf, indem man es von sich wegtreibt und sich dann ein wenig zurückzieht, so dass das Pferd die Gelegenheit hat, die Gesellschaft des Menschen zu suchen. Diese tröstliche Gemeinschaft ist seine Belohnung für das Näherkommen, also wird das Pferd normalerweise lieber zum Menschen kommen, als ihm Gelegenheit zu geben, es wieder von sich wegzutreiben.

Am besten beginnen Sie damit in einem kleinen, eingefriedeten Bereich, beispielsweise in der Box. Es ist erwiesen, dass ein Join-up mit einem wilden Mustang auf der Prärie machbar ist, aber es ist einfacher und praktischer, wenn Sie dem Pferd etwas weniger Bewegungsfreiheit lassen, während Sie versuchen, ihm klarzumachen, um was es geht. Seine ersten Vorstellungen von Join-up sollte das Pferd schon bei der Gewöhnung an das Halfter bekommen haben (siehe Kapitel 3), so dass Sie mit diesem Schritt anfangen müssen, wenn Sie das nicht bereits getan hat. Die Gewöhnung an das Halfter macht dem Pferd deutlich klar, dass es angenehm ist, bei Ihnen zu sein, während die Sache unangenehm wird, wenn es sich Ihnen widersetzt. Ein vollständiger Join-up ist eigentlich die logische Fortsetzung.

Legen Sie dem Pferd ein Halfter mit Führstrick an und halten in der freien Hand eine Gerte. Dann stellen Sie sich längs zum Pferd hin, so dass Ihre beiden Arme zwei Seiten eines Dreiecks bilden, dessen dritte Seite das Pferd ist – als ob Sie es mit Hilfe des Führstricks in der Box auf einem winzigen Zirkel longieren wollten. Streichen Sie sanft mit der Gerte über die Hinterhand, bis es diese von Ihnen wegbewegt, während Sie gleichzeitig leichten Zug am Halfter ausüben, damit es Ihnen seinen Kopf zuwendet. Reagiert das Pferd nur langsam, tippen Sie die Hinterhand stärker mit der Gerte an, gerade soviel, wie nötig ist, damit es sich wegbewegt. Manche Pferde können anfangs nach der Gerte ausschlagen, vor allem Jungpferde, die es nicht gewöhnt sind, dass sie etwas an ihrem Hinterteil berührt. Stellen Sie sich also nicht so hin, dass Sie getroffen werden könnten.

Wenn das Pferd auch nur einen Schritt in die richtige Richtung tut, ist das für den Anfang genug. Es ist sehr wichtig, dass Sie dann sofort den Führstrick locker lassen und das Pferd zwischen den Augen kraulen, um es dafür zu loben, dass es sich Ihnen mit dem Kopf genähert hat. Es bekommt sogar eine doppelte Belohnung, denn wenn es seinen Kopf zu Ihnen hinwendet, wird es automatisch die Hinterhand herumnehmen, so dass es die lästige Gerte nicht länger an den Hinterbeinen spürt. Es wird nicht lange dauern, bis das Pferd begreift, was es tun

ZEICHENSPRACHE

Ein junges Pferd, das zum ersten Mal im Round Pen ist – es hat das innere Ohr auf den Menschen in der Mitte gerichtet und erkennt so an, wie wichtig dieser in seinem Leben ist.

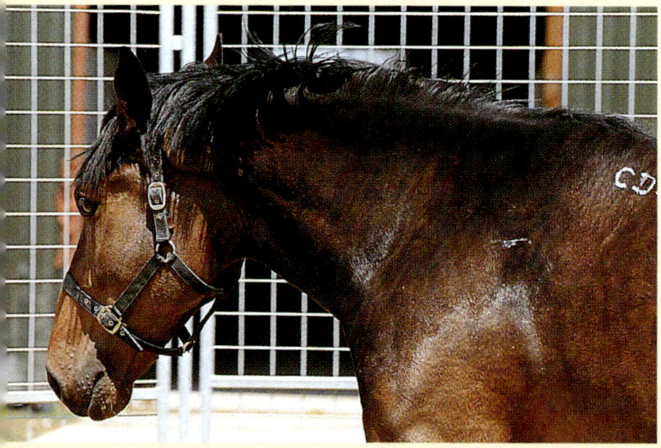

Das Pferd hält an und denkt über die Situation nach. Es will nicht mehr laufen, aber es ist sich auch nicht sicher, was es als nächstes tun soll. Lecken, kauen und direkter Augenkontakt zeigen im Folgenden an, dass das Pferd bereit ist, zu verhandeln.

muss, um diese doppelte Belohnung zu erhalten, und es wird bald anfangen, auf Ihre Bewegungen zu achten und Ihnen den Kopf von allein zuzuwenden. Wenn das passiert, entfernen Sie das Halfter und warten ab, ob das Pferd auch weiterhin den Kopf zu Ihnen herumnimmt, ohne dass Sie es mit Hilfe des Führstricks oder der Gerte dazu auffordern müssen. Wenn das Pferd nun tatsächlich zu Ihnen kommt, ist dies ein Zeichen für körperliche und psychische Unterordnung – sorgen Sie deshalb dafür, dass es den Kopf auf Brusthöhe herunternimmt und die richtige Haltung für seine Belohnung einnimmt, anstatt Sie dazu zu zwingen, sich zu seinem Kopf zu strecken.

Sobald das Pferd das Stadium erreicht hat, in dem es Ihre Körpersprache wahrnimmt und nicht länger darauf wartet, dass Sie es mit der Gerte berühren oder am Führstrick ziehen, können Sie es auf einer größeren Fläche laufen lassen, um von dem Gelernten noch einen Schritt weiterzugehen.

Die Arbeit im Round Pen

Bei der Arbeit im Round Pen oder auf einem Reitplatz ist der stark ausgeprägte Herdeninstinkt des Pferdes die Basis für den Erfolg. Das Pferd liebt Gesellschaft jeder Art. Außerhalb der Gruppe fühlt es sich bedroht und verletzlich, und es empfindet es als Strafe, wenn es von der Herde weggeschickt wird. Normalerweise würde ihm das durch die dominante Stute oder den dominanten Hengst der Gruppe passieren. Behalten Sie dies im Hinterkopf, wenn Sie in der Mitte des Platzes stehen und das Pferd mit aggressiver Körpersprache von sich wegtreiben. Seine natürliche Reaktion wird darin bestehen, an die äußere Grenze des begrenzten Platzes zu laufen und um Sie herumzutraben. Es muss lernen, dass der äußere Bereich des Round Pen kein angenehmer Ort ist, weil es dort völlig allein und deswegen unsicher ist. Die Mitte des Kreises dagegen, in der ja der Mensch steht, muss es als einen Ort betrachten, an dem es gern sein würde.

Achten Sie sorgfältig auf die Anzeichen der Unterordnung, während das Pferd dort außen trabt oder galoppiert: das Maul wird weniger verkniffen, das Pferd leckt und kaut, senkt den Kopf und dreht ein Ohr oder sogar die Augen in Ihre Richtung. Damit sagt es »Okay, ich gebe nach – ich will bei dir sein und ich bin bereit, darüber zu reden.« Es ist wichtig, diese Zeichen zu erkennen und sie zu belohnen, denn sie dienen als Anhaltspunkt dafür, wann Sie den Druck auf das Pferd verringern und ihm die Chance geben müssen, die richtige Wahl zu treffen: zu Ihnen zurückzukehren. Wenn Sie die Anzeichen der Unterordnung nicht wahrnehmen und das Pferd mit aggressiver Körpersprache weiter treiben, sagen Sie ihm im Grunde »Ich pfeife auf deine Entschuldigung; ich bin an Verhandlungen nicht interessiert«. Damit verwirren und demoralisieren Sie das Pferd. Machen Sie Ihre Körpersprache weicher, nehmen Sie eine passivere Haltung ein und passen Sie auf, ob das Pferd zeigt, dass zu Ihnen in die Mitte kommen möchte. Dabei darf es keine halbherzigen Kompromisse geben – das Pferd muss bis ganz in die Mitte kommen, um sich seine Belohnung zu holen. Wenn es das Interesse verliert oder zögert, schicken Sie es aggressiv wieder weg, bis es sich entschieden hat. Diesen Vorgang müssen Sie normalerweise mehrmals wiederholen; bei einem Pferd, das aufgrund schlechter oder inkonsequenter Behandlung den Glauben an den Menschen verloren hat, muss er sogar noch viel öfter durchgeführt werden.

Die einzige Belohnung für die Unterordnung des Pferdes ist die Gesellschaft, die Berührung und das Lob des Menschen. Futter oder sonstige Bestechungen sind nicht erlaubt, weil das Pferd dann mit dem Hintergedanken in die Mitte kommt, dass es dort etwas zu holen gibt. Seine Belohnung für das Herkommen ist ein Kraulen oder Klopfen. Ein nervöses Pferd kann dabei durchaus wieder bis zum äußeren Rand des Platzes zurückweichen und dort auch wieder zu galoppieren anfangen, aber das ist in Ordnung, denn es darf reagieren, wie es will. Allerdings hat es sich damit auch wieder für den einsamen äußeren Bereich des Platzes entschieden. Sie werden merken, dass es beim nächsten Mal nicht mehr so weit und so schnell wegläuft.

Der Join-up im Härtetest

Das Pferd steht nun körperlich und geistig unter Druck – körperlich, weil Sie es immer weiterschicken und es arbeiten lassen, und geistig, weil es nicht gern allein da draußen im äußeren Bereich des Zirkels ist. Ein Herdentier fühlt sich niemals unwohler, als wenn es von den anderen isoliert ist. Denken Sie nur einmal daran, dass in der wilden Herde die dominanten Stuten diese Methode anwenden, um Jungpferden klarzumachen, dass sie sich gefälligst zu benehmen haben. Sie schicken den Störenfried von der Gruppe weg, so wie man unartige Kinder in ihr Zimmer schickt, damit sie über ihr ungezogenes Verhalten nachdenken können. Erst wenn der Übeltäter sich entschuldigt und eingesehen hat, dass er sich falsch verhalten hat, wird ihm erlaubt, wieder in die Sicherheit der Herde zurückzukehren, in der er sich wohl fühlt.

Ein Pferd, das Sie bereits mit Gerte und Halfter ausgebildet haben, sieht Sie bereits als seine Komfortzone an und wird bald zeigen, dass es wieder »zur Herde zurückkehren« möchte – in diesem Falle also zurück zu Ihnen in die Mitte des Platzes. Wenn Sie diese Zeichen übersehen oder ignorieren, nehmen Sie seine Entschuldigung nicht an, was der Beziehung zwischen dem Pferd und Ihnen schaden könnte.

Im Idealfall benutze ich einen Round Pen mit einem Durchmesser von zwanzig Metern; Sie können sich aber auch mit Stangen oder Heuballen einen entsprechenden Bereich von einer Halle oder einer Weide abtrennen.

Stellen Sie sich mit einer Longierpeitsche oder einem langen Strick in die Mitte des Übungsplatzes. Das Strickende können Sie in Richtung der Hinterhand des Pferdes werfen, um es von sich wegzuschicken. Sie haben jetzt nichts mehr, womit Sie seinen Kopf festhalten könnten, und die natürliche Reaktion des Pferdes wird sein, in flottem Trab oder Galopp am äußeren Rand des Platzes entlangzulaufen.

Anfangs wird das Pferd finden, dass es ja ganz nett ist, auf diese Art seinen natürlichen Fluchtreflex ausleben zu können. Wenn Sie es aber immer weiter treiben, wird es bald merken, dass es keinen Spaß macht, wenn es nicht aus freien Stücken läuft! Das Pferd kann sich zwar frei bewegen, aber Sie haben die Situation in der Hand und bestimmen, was es tun soll. Versuchen Sie, das Pferd durch Ihre Körpersprache dazu zu bringen, die Richtung zu wechseln: rennen Sie dazu vorwärts, so dass Sie ihm den Weg abschneiden, und schicken Sie es dann in die andere Richtung weiter.

VERLETZLICHE BEREICHE

Man stellt die Welt des Pferdes auf den Kopf, wenn man ihm vorschlägt, dass Raubtier und Fluchttier Freunde sein und sich im Join-up zusammentun können. Man tut also gut daran, niemals die enorme Bedeutung dessen zu unterschätzen, was man da verlangt. Wahrscheinlich wird das Pferd den Verdacht hegen, dass das Ganze doch mit einem gewissen Risiko verbunden ist. Mit einem Raubtier umzugehen, läuft allen natürlichen Instinkten des Pferdes und seiner Einschätzung der Lage zuwider – es muss ihm eigentlich so vorkommen, als würde es von einem Löwen eine Einladung zum Essen annehmen! Ironischerweise gehört es zum nächsten Schritt, dass es den Kopf in den Rachen des Löwen steckt – denn ungefähr das bedeutet es für ein Pferd, wenn es einem Raubtier erlauben soll, seine verletzlichen Bereiche zu berühren, also den Bauch, den Hals, den Bereich des Kopfes und schließlich seine Beine und Hufe. Ein Pferd auf drei Beinen in der Gegenwart eines Raubtieres ist so gut wie tot, und das Pferd weiß das, daher ist dies aus seiner Sicht der absolute Vertrauensbeweis. Sobald das Pferd zu Ihnen kommt und sich Ihnen im Join-up anschließt, lassen Sie es stehen, ohne es festzuhalten und bearbeiten seinen gesamten Körper mit den Händen, bis es nichts mehr dagegen hat, sich überall berühren zu lassen.

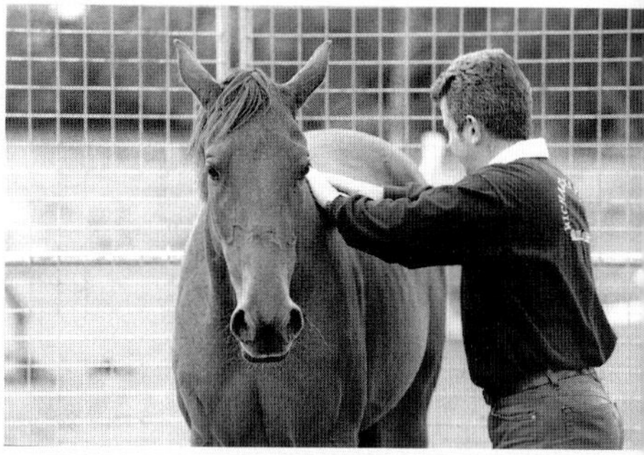

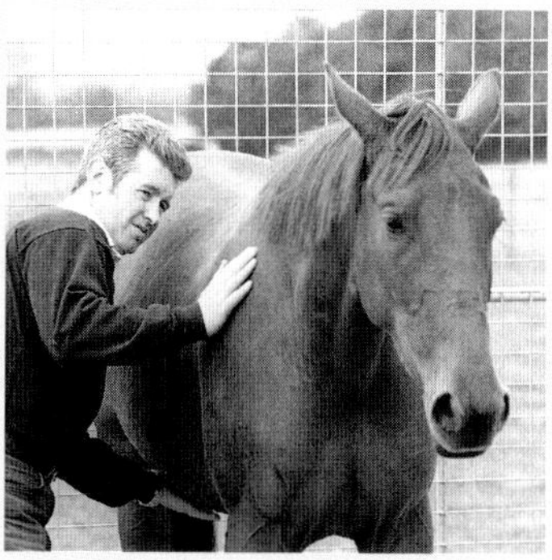

Wenn Sie ein Pferd sanft und ruhig an den Körperstellen berühren, die ein Raubtier sich normalerweise als Ziel für seinen Angriff aussuchen würde, ist das der beste Weg, um seine letzten Ängste und Befürchtungen abzubauen. Mit der Zeit und durch Erfahrung wird es lernen, dass Sie sein Vertrauen nicht mißbrauchen werden. Erst wenn das Pferd auf diese Art sein Leben aufs Spiel gesetzt und gemerkt hat, dass es unbeschadet überlebt hat, wird es schließlich erleichtert aufatmen und Ihnen vollständig vertrauen.

Unterordnung

Wenn das Pferd deutlich und wiederholt Zeichen der Unterordnung zeigt, müssen Sie ihm die Gelegenheit geben, zu Ihnen zurückzukommen, wenn es das will. Hören Sie auf, das Pferd herumzutreiben und bleiben Sie ruhig stehen. Ermuntern Sie es mit passiver Körpersprache (siehe Kapitel 1), aber gehen Sie ihm nicht entgegen – das Pferd muss bis zu Ihnen kommen, wenn es sich wirklich unterordnen will. Wenn es auf halbem Wege das Interesse verliert, zögert oder woanders hinwandert, schicken Sie es mit aggressiver Körpersprache wieder in den äußeren Bereich des Ringes. Es muss selbst die Entscheidung fällen, welche dieser beiden Situationen ihm besser gefällt, und logischerweise wird das am Ende das Zusammensein mit Ihnen sein.

Wenn das Pferd zu Ihnen gekommen und mit in Ihre Richtung gesenktem Kopf in der Mitte des Ringes steht, belohnen Sie es, indem Sie es loben und streicheln – nicht aber mit Leckerbissen. Es ist wichtig, dass das Pferd sich Ihnen aus den richtigen Gründen anschließt – weil es Sie mag und respektiert und bei Ihnen sein möchte, und eben *nicht*, weil Sie es bestochen haben.

Von diesem Punkt an geht es eigentlich nur noch darum, die Verbindung zu stärken und auf dem, was das Pferd gelernt hat, aufzubauen. Wenn sein Interesse und sein Verlangen, bei Ihnen zu bleiben, nachlassen, schicken Sie es wieder in den äußeren Bereich des Platzes. So sagen Sie ihm, dass es ja in Ordnung ist, wenn es tun will, was es möchte, es kann durchaus weggehen, aber dann muss es das zu Ihren Bedingungen tun – es muss weit weggehen und dort allein arbeiten. Dadurch wird es daran erinnert, welche Alternativen es hat, und das sollte seinen Entschluss bestärken, das nächste Mal ein bisschen näher bei Ihnen zu bleiben!

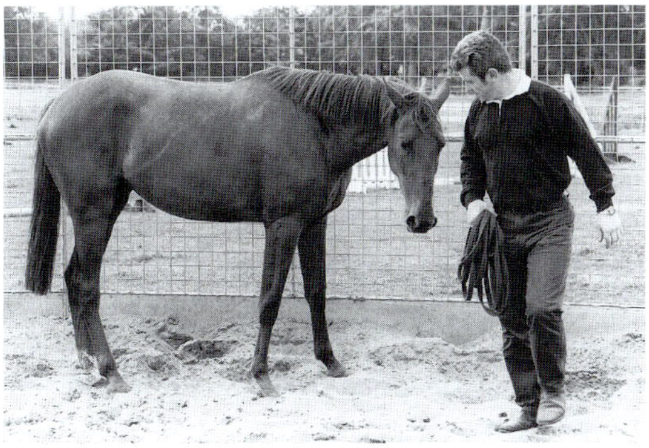

Das Pferd sollte jedes Mal weniger bereit sein, den Fehler zu machen, der dazu geführt hatte, dass es weggeschickt wurde und allein arbeiten musste, und wird sich enger an Sie anschließen. So-

▲ ***Achten Sie sorgfältig auf Anzeichen wie Lecken und Kauen, auf ein Senken von Kopf und Hals, oder darauf, ob sich ein Ohr oder Auge auf Sie richtet. Möglicherweise bleibt das Pferd auch stehen und wendet sich Ihnen zu.***

▲ ***Jedes Mal, wenn Sie das Pferd weggeschickt haben, wird es schneller bereit sein, sich unterzuordnen. Sobald Sie also die Anzeichen dafür sehen, müssen Sie eine passive Haltung einnehmen, um dem Pferd zu zeigen, dass Sie ihm nichts nachtragen und dass es ihm freisteht, wieder zu Ihnen zu kommen und sich seine Belohnung abzuholen.***

◀ ***Überprüfen Sie, wie aufmerksam es nun Ihre Körpersprache beobachtet. Beobachtet das Pferd Sie, wenn Sie sich bewegen oder weggehen, macht es Anstalten, Ihnen zu folgen? In diesem Stadium ist es unwahrscheinlich, das es schon ganz nahe beim Menschen bleibt, aber oft sieht man einige zögernde Schritte, für die Sie es belohnen können.***

bald es die Gelegenheit hatte, die Alternativen gegeneinander abzuwägen, wird es sich immer für die leichtere und angenehmere Option entscheiden, die natürlich das Zusammensein mit Ihnen ist. Ist das Pferd sehr fit oder sehr nervös, wird es nicht so bald einlenken müssen oder wollen – aber egal, wie lange es dauert, *Sie* müssen immer die Komfortzone bleiben. Für einen erfolgreichen Join-up muss das Pferd glauben, dass es jedes Mal eine positive Erfahrung macht, wenn es zu Ihnen kommt.

Wenn Sie Ihre Join-up-Technik allmählich immer mehr verfeinern, sollten Sie das Pferd gar nicht mehr wegschicken müssen, wenn es sich ablenken lässt: Bereits eine rasche Bewegung wird seine Konzentration wieder herstellen und es daran erinnern, dass Sie wichtiger sind als alles andere im Leben, solange es bei Ihnen ist.

Anwendung des Join-up

Der Join-up ist von unschätzbarem Wert, wenn es um ein schwieriges Pferd oder um ein Jungpferd geht, das die Autorität des Menschen auf die Probe stellen will. Es ist offensichtlich, auf welche Weise er den Umgang mit einem Pferd erleichtert, das sich nur schwer einfangen lässt – von diesem Punkt an wird man es gar nicht mehr los! Aber »Vertrautheit kann Mißachtung schaffen«, wie die Engländer sagen, und wenn das Pferd immer mehr Selbstvertrauen und Kraft gewinnt, kann es gut sein, dass es das Gefühl hat, in der Beziehung zwischen Pferd und Mensch würde die Waagschale sich allmählich zu seinen Gunsten senken. Das Pferd könnte beginnen, den Menschen weniger als Raubtier und mehr als ein anderes Pferd anzusehen, dessen Autorität man ruhig einmal in Frage stellen kann. In dieser Situation können sich im Umgang mit dem Pferd Probleme ergeben, so dass man sein Gedächtnis für die natürliche Ordnung der Dinge auffrischen muss. Dazu geht man in einen Round Pen oder einen anderen eingezäunten Platz und führt wieder einen Join-up durch, bis ganz klar ist, wer hier das Raubtier und wer das Fluchttier ist. Egal, wie viele schlechte Angewohnheiten ein Pferd entwickelt hat – es wird bis zu seinem Todestag seine natürlichen Instinkte nicht gänzlich vergessen. Auch wenn es mit der Zeit immer unwahrscheinlicher wird, so kann beispielsweise auch das abgeklärteste alte Pony der Welt immer noch scheuen oder buckeln – diese Instinkte lauern immer noch irgendwo unter der Oberfläche, und diese Tatsache macht man sich beim Join-up zunutze.

Der Join-up ermöglicht es, ein Pferd zu disziplinieren, ohne jemals die Hand gegen es zu erheben. Der Mensch wird es niemals nötig haben, ein Pferd zu schlagen oder seine Kräfte mit ihm zu messen, weil die Beziehung weit über die rein körperliche Ebene hinausgeht. Er hat sich mit dem Join-up an die Spitze der Herdenhierarchie gesetzt, und das Pferd hat selbst herausgefunden, dass es in seinem eigenen Interesse liegt, freundlich zum Menschen zu sein. Es hat die Alternativen ausprobiert und herausgefunden, dass es am besten nahe beim Menschen bleibt, auch wenn der es nur in seiner Gesellschaft duldet, wenn es sich gut benimmt. Es weiß, dass der Mensch der Stärkere von beiden ist, dass er jedoch fair bleiben wird, wenn es sich an die Regeln hält. Für ein Pferd, das sich im Join-up mit einem Menschen zusammengetan hat, ist es so beunruhigend, bei diesem Menschen in Ungnade gefallen zu sein, dass es sein rüdes Verhalten schnell bereut – schließlich haben Tausende von Jahren der Evolution das Wissen in ihm verankert, dass das Schicksal eines einsamen Pferdes besiegelt ist.

Die natürliche Folge eines Join-up besteht darin, dass das Pferd aufmerksam auf die Körpersprache und Gesten seines Menschen achtet und sowohl den Menschen als auch dessen Individualbereich respektiert. Wenn das Pferd sich in Gegenwart seines Menschen befindet, wird es nichts tun wollen, was diese Freundschaft gefährden könnte, so dass es sehr darauf bedacht ist, dem Menschen zu Gefallen zu sein – und das macht den Umgang mit ihm einfach. Bei Pferden, die vorher beim Führen davongestürmt sind oder aggressiv waren, ist diese Wirkung besonders deutlich zu spüren. Man sollte allerdings auch beachten, dass ein durch Join-up geschultes Pferd dem Menschen immer dichtauf folgen muss – niemals sollte es anders herum sein. Der Mensch wird stets das Raubtier bleiben, wenn auch ein freundlich gesinntes, und das Pferd muss ohne Zögern akzeptieren, dass die Initiative immer bei ihm liegt. Man muss immer daran denken, dass es sich hierbei um eine Partnerschaft handelt, die nicht völlig gleichberechtigt ist, weil der Mensch immer noch die entscheidende Stimme hat.

Wenn das Pferd beim Führen an Ihnen vorbei stürmen will, lassen Sie es laufen, dann jedoch stemmen Sie die Füße in den Boden und ziehen den Pferdekopf mit einem scharfen Ruck zu sich herum, wie Sie es bei einem Hund machen würden, der an der Leine zerrt.

Korrigieren ist (manchmal) besser als Vorbeugen

Es ist recht einfach, in die Defensive zu geraten und zu versuchen, jegliches Fehlverhalten schon im Voraus zu ahnen und zu verhindern. Tatsächlich ist es aber besser, das Pferd Fehler machen zu lassen, weil Sie damit die Gelegenheit bekommen, diese Fehler zu korrigieren. Sie würden einem Kind ja auch keinen Klaps versetzen, weil Sie den *Verdacht* hegen, dass es etwas Verbotenes vorhat – Sie würden abwarten, bis das Kind wirklich einen Fehler *gemacht* hat, und dann entsprechend reagieren. Davonstürmen oder Zerren am Führstrick ist ein gutes Beispiel für solche Fehler: wenn Sie den Führstrick straffhalten, weil Sie dem Problem zuvorkommen wollen, könnten Sie es dadurch erst verursachen, weil Sie dem Pferd einen Grund geben, gegen einen Widerstand zu zerren.

Ein erfahrener Trainer wird statt dessen das Pferd regelrecht dazu einladen, sich falsch zu verhalten, so dass er die Situation nutzen und das Tier korrigieren kann. Er lässt den Führstrick also schön locker, so dass das Pferd seinen Fehler machen kann. Wenn Sie die Bewegungen des Pferdes einschränken und versuchen, jede möglicherweise falsche Bewegung bereits im Ansatz zu unterdrücken, wird es nichts dabei lernen. Das Pferd soll die Bewegungen des Menschen beobachten und ihnen folgen, nicht anders herum.

Oft benutzen Pferdebesitzer eine Trense, um mehr Kontrolle über das Pferd zu haben, damit jedoch kann man das Pferdmaul verletzen, wenn man Fehlverhalten korrigieren muss. Außerdem liegt der Sinn der Übung ja darin, dem Pferd Respekt vor dem Druck beizubringen, den man mit einem Halfter ausüben kann – auf einem Turnier

Wenn ein etwas älteres Pferd beim Führen zerrt, schnalle ich den Führstrick oder die Führkette auf der rechten Halfterseite ein, führe die Kette über die Nase und fädle sie durch den Ring auf der anderen Seite. Damit bekommt man eine Wirkung wie bei einem Würgehalsband. Man kann mit der Kette gegen die Nase des Pferdes rasseln, um es so davon abzuhalten, sich in die Kette zu lehnen und zu zerren.

kann man das Pferd ja auch nicht am Zaumzeug am Hänger anbinden. Hat das Pferd seine Lektion erst einmal gelernt, ist es völlig gleichgültig, ob am anderen Ende des Strickes ein Mensch oder ein Anbindering hängt – es wird dem Druck immer nachgeben.

Stellen Sie sich einmal vor, Sie versuchen, ein schwieriges Pferd zu verladen: es kann vielleicht den Hänger nicht ausstehen, aber die Möglichkeit, gegen den Druck des Halfters anzuzerren, besteht in seinen Augen nicht mehr, so dass ihm gar nichts anderes übrig bleibt, als Ihnen in den Hänger zu folgen.

Geistige Gymnastik

Ein Pferd unter drei Jahren ist körperlich noch nicht stark genug, um einen Reiter über eine nennenswerte Entfernung zu tragen, ohne dabei selbst Schaden zu nehmen. Erst mit sechs Jahren ist das Skelett eines Pferdes völlig ausgewachsen. Mit geistiger Gymnastik ist das allerdings etwas anderes: viele Pferde, vor allem die intelligenteren und begabteren, langweilen sich sehr schnell und können sich dann, ähnlich wie Kinder, auf die Suche nach Dingen machen, die ihnen Spaß machen. Wenn nichts da ist, das sie stimulieren könnte, kann es sein, dass sie sich ihre Reize selber schaffen und auf diese Weise Ärger machen.

Vergessen Sie die Lehrbücher für eine Weile, und entscheiden Sie nach eigenem Ermessen und aus der Kenntnis des Charakters Ihres Pferdes heraus, ob es bereit ist, mehr zu lernen, oder ob es mehr Freizeit braucht, um die Lektionen richtig verarbeiten zu können, die es bisher gelernt hat. Hier ist jedes Pferd anders; ich habe zum Beispiel festgestellt, dass vor allem Junghengste frühreif sein können, so dass man ihre Energie in konstruktive Bahnen lenken muss – wie bei jedem unartigen Kind. Wenn also ein noch nicht ausgewachsenes Pferd das Gewicht eines Menschen auch noch nicht tragen kann, so kann es doch seine spätere Ausrüstung kennenlernen und schon lange vor dem ersten Anreiten damit spazierengehen.

Wenn das Pferd richtig ans Halfter und ans Führen gewöhnt wurde, können Sie es nun ohne größeres Risiko bereits mit Dingen bekannt machen, denen es bei späteren Ausritten begegnen wird, beispielsweise mit Autos, Hunden oder Radfahrern. Auch für den alltäglichen Umgang können Sie ihm schon jetzt einiges beibringen, denn es ist immer schön, wenn man es mit einem Pferd zu tun hat, das ruhig stehenbleibt, wenn man ihm die Beine abspritzt, es mit Fliegenschutzmittel einsprüht, die Decke zurechtrückt oder ihm eine Wurmkur verabreicht – also sollten Sie daran jetzt arbeiten. Ebenso sollte sichergestellt sein, dass das Jungpferd genügend Zeit auf der Weide in Gesellschaft anderer Jungpferde verbringt, mit denen es spielen und rangeln kann, so dass es seine aufgestaute Energie und seine Aggressionen loswerden kann. Nach dem Spielen können Sie dann durchaus von ihm erwarten, dass es ins ›Klassenzimmer‹ zurückkehrt und für die nächste Lektion bereit ist.

Schlussbemerkungen

Ein wohlerzogenes Pferd wird es im Leben leichter haben – ebenso wie der Mensch, der mit diesem Pferd umgeht, doch Ihr eigenes Pferd wird zu dem, was *Sie*aus ihm machen. Tatsächlich muss nicht nur das Pferd etwas lernen, sondern auch Sie, der Besitzer! Lassen Sie sich von den Reaktionen des Pferdes leiten und behandeln Sie das Tier immer fair und konsequent. Disziplinarmaßnahmen müssen angemessen und wirkungsvoll sein; vor allem bei Jungpferden sollten sie deutlich genug sein, dass das Tier aufmerksam wird, jedoch niemals Schmerz oder Angst auslösen.

Vergewissern Sie sich, dass das Pferd genau versteht, was Sie von ihm wollen, und dass es sowohl körperlich als auch geistig in der Lage ist, das zu tun. Wenn Sie sich dessen nicht völlig sicher sind, können Sie auch nicht erkennen, ob das Pferd nun Zurechtweisung oder Aufmunterung braucht, ob es gerade ungezogen ist, oder ob es wirklich Angst hat. Es ist unverzeihlich, ein Pferd ohne Grund zu bestrafen, und wenn Sie ihm Unrecht tun, wird es sehr schnell verbittert und unkooperativ.

Es ist wichtig, weder in Panik zu geraten noch einen Rückzieher zu machen, wenn ein Pferd anfängt, Ihre Autorität auf die Probe zu stellen. Jedes Mal, wenn es unverschämt wird oder einen pubertären Wutanfall bekommt, sollten Sie das als Gelegenheit ansehen, Ihre Beziehung mit dem Pferd zu stärken und zu entwickeln. So behalten Sie eine positive Sichtweise und haben damit auch größere Chancen auf Erfolg. Wenn Sie mit kleineren Verhaltensproblemen richtig umgehen, werden Sie sich dadurch den Respekt des Pferdes sichern, anstatt ihn zu verlieren.

Mit Pferde-Teenagern muss man taktvoll umgehen, ihnen aber gleichzeitig klarmachen, dass ihnen die Option »ruppiger Umgang mit dem Menschen« nicht offen steht. Natürlich können sie Sie testen – sie sind forsch und intelligent genug, um das tun zu müssen – aber jedes Mal müssen sie sich dabei mit derselben konsequenten Reaktion und derselben Antwort konfrontiert sehen: »Nein« bedeutet immer »Nein« und niemals »Vielleicht«!

In diesem Stadium darf es für das Pferd nur schwarz und weiß geben. Ich habe erschreckende Beispiele dafür gesehen, was passiert, wenn ein Pferd ungehindert in eine Grauzone ausweichen darf. So kann beispielsweise eine lästige Angewohnheit schnell zu einem ausgewachsenen und gefährlichen Problemverhalten ausarten, das so gravierend sein kann, dass der Besitzer die Tötung des Pferdes erwägt. Beim Umgang mit einem jungen Pferd ist Vorbeugen sehr viel leichter als Heilen.

• • • AUF EINEN BLICK • • •

- *Stellen Sie sicher, dass das Pferd geistig und körperlich in der Lage ist, zu tun, was Sie von ihm verlangen.*
- *Machen Sie sich keine übermäßigen Sorgen, wenn Sie auf ein Problem stoßen, – es ist normal, dass ein intelligentes Pferd versucht, Sie auf die Probe zu stellen.*
- *Denken Sie an das hierarchische System in der Herde: erweisen Sie sich als fairer und würdiger Anführer?*
- *Versuchen Sie nicht, sich bei einem Pferd einzuschmeicheln, indem Sie es verhätscheln oder ihm Fehler durchgehen lassen. So verliert es den Respekt.*
- *Gehen Sie Problemen nie aus dem Weg und verschieben Sie den Umgang damit nicht auf den nächsten Tag. Das Pferd muss in dem Moment, in dem es seine Fragen stellt, eine definitive und befriedigende Antwort erhalten.*
- *Lassen Sie einen Streit nie auf ein Kräftemessen hinauslaufen, wenden Sie statt dessen Mittel der psychologischen Kriegsführung und Körpersprache an.*
- *Es ist immer besser, etwas Positives zu belohnen, als etwas Negatives zu bestrafen.*
- *Beim ersten Anzeichen eines Problems gilt es, die Grundlagen aufzufrischen: die Gewöhnung an das Halfter und der Join-up festigen Ihre übergeordnete Position, lehren das Pferd Respekt für die Individualdistanz und erinnern es daran, dass die Komfortzone bei Ihnen liegt.*
- *Sie sollten nicht auf Fehlverhalten warten oder versuchen, es gar nicht erst aufkommen zu lassen. Statt dessen bemüht ein erfahrener Ausbilder sich, eine Situation zu schaffen, in der es zu einem Fehlverhalten kommt, so dass er die Gelegenheit ergreifen und den Fehler des Pferdes korrigieren kann.*
- *In der Beziehung zwischen Mensch und Pferd darf es keine Grauzonen geben. Schwarz und Weiß geben dem Pferd Selbstvertrauen.*

Kapitel 5

Der Umgang mit Hengsten (Jedes Alter)

Hengste haben viele gute Eigenschaften. Sie sind im Allgemeinen intelligent, charakterstark und selbstsicher; außerdem sind sie stark und gut bemuskelt. Wenn ein Hengst richtig gehalten wird und man sein Verhalten versteht und respektiert, kann man diese Eigenschaften für den Reiter nutzen: wer die überlegene Kraft und Intelligenz seines Hengstes in Spitzenwettbewerben richtig einzusetzen weiß, hat oft ein Weltklassepferd, wie viele Turnierreiter bestätigen können. Für ein hochklassiges Tier, bei dem zu echter Begabung und Leistung auch noch ein guter Charakter hinzukommt, sind die Decktaxen ein zusätzlicher Anreiz.

Das Temperament eines Hengstes hängt großenteils davon ab, welches Benehmen man ihm in seiner Jugend beigebracht hat, und wie er danach behandelt wurde. Mit einem Hengst muss man bestimmt, aber einfühlsam umgehen; man muss seine natürlichen Instinkte berücksichtigen, darf aber keine Kompromisse eingehen, was akzeptables Verhalten betrifft. Diese Gratwanderung erfordert viel Urteilsvermögen und Erfahrung. Außerdem lassen Hengste sich durch Fuchteln und Schreien nicht einschüchtern, weil sie intelligent genug sind, um zu wissen, dass jemand, der sich so aufführen muss, im Inneren ein Schwächling ist. Selbst wenn man sich den Respekt eines Hengstes erworben hat, verspürt er den natürlichen Drang, der Beste und der Stärkste zu sein, und das bedeutet, dass er seinen Menschen weiterhin auf die Probe stellen *muss*. Seiner Auffassung nach ist es nur vernünftig, ständig zu überprüfen, ob der derzeitige Herdenchef seinem Job auch wirklich gewachsen ist – in seiner Welt, in der nur die Stärksten und Schlauesten überleben, hängen Leben davon ab. Man sollte sich also sorgfältig überlegen, warum man unbedingt einen Hengst halten will. Ein Hengst ist keine Trophäe, und zur Hengsthaltung gehört viel mehr, als nur immer wieder deutlich zu machen, wer der Chef ist. Will man dies aus den falschen Gründen tun, wird man sich garantiert Schwierigkeiten einhandeln.

Wenn ein Hengst beschließt, die Fähigkeiten seines Reiters oder Pflegers zu testen, sollte ein erfahrener Berufsreiter selbstsicher und kompetent genug sein, sich dieser Herausforderung zu stellen – für einen normalen Freizeitreiter können die Dinge jedoch ganz anders liegen. Wenn ein Hengst eine günstige Gelegenheit nutzt, kann so eine halbe Tonne tobendes Pferd schon sehr beängstigend sein! Trotz all dieser Warnungen sei gesagt, dass Hengste, auch wenn sie für weniger erfahrene Pferdehalter meist nicht das Richtige sind, oft wunderbar zu reiten sind; die Probleme beginnen meist viel früher, bei der Ausbildung am Boden, und sind dann in schlechtem Umgang und falscher Haltung begründet.

Langfristige Ziele

Hengste müssen so gute Manieren haben, dass man sie auf die Öffentlichkeit loslassen kann, denn sie müssen beweisen, dass sie sowohl vom Temperament als auch von ihren Fähigkeiten her als Vererber geeignet sind. Man sollte für jeden Hengst anstreben, ihn so gut wie möglich im Stall zu integrieren, weil das für seine Gesundheit und seine Zufriedenheit wichtig ist. Dadurch wird ein Hengst nicht etwa revierbewusst und schwierig, sondern im Gegenteil viel leichter zu handhaben, weil er entspannt und zufrieden ist. Wenn die grundlegenden Regeln klargemacht worden sind und der Hengst sich als diszipliniertes Pferd zeigt, sollte es für einen kompetenten Reiter auch kein Problem sein, ihn zu longieren, auszubilden, zu verladen und zusammen mit anderen Pferden auszureiten. Man kann einen Hengst auch mit den anderen auf die Weide bringen, wenn auch – aus offensichtlichen Gründen – auf einen benachbarten Auslauf. Man muss ihm einfach beibringen, dass es im Leben mehr gibt als das Decken von Stuten, und man sollte zwischen seinen Deckpflichten und seiner Arbeit unter dem Reiter eine deutliche Trennlinie ziehen.

Zwischen dem Benehmen eines Hengstes an der Hand und seinen Reaktionen unter dem Sattel besteht eine enge Beziehung. Wird ein Hengst auf einem Turnier vorgestellt, sollte der Reiter nicht herumschreien und jeden warnen müssen, nur ja Abstand zu halten, »weil das ein Hengst ist!« Selbst unter diesen Umständen sollte der kleine Unterschied keinen Unterschied machen, weil das Pferd wissen sollte, dass es auf dem Turnier um eine ganz andere Aufgabe geht, und diszipliniert genug sein sollte, um sich dieser Aufgabe zu widmen. Um ihm dies klar zu machen, benutzt man am besten für das Deckgeschäft und die Arbeit unter dem Sattel jeweils unterschiedliche Ausrüstung und hält einen regelmäßigen Tagesplan möglichst genau ein. So benutzt man zum Beispiel ein bestimmtes Zaumzeug für das Decken und ein anderes für die Arbeit unter dem Sattel. Man sollte niemals versuchen, einen Hengst dort zu reiten, wo er sonst die Stuten deckt, und man sollte einen strikten Zeitplan einhalten – beispielsweise wird vormittags geritten, und nachmittags werden Stuten gedeckt. In dieser Hinsicht muss man selbst sehr

Die Tatsache, dass ein Pferd ein Hengst ist, sollte bei seiner Ausbildung keinen Unterschied machen. Guter Umgang und Disziplin beruhen nicht auf körperlicher Stärke. Ein Shetlandwallach mit schlechten Manieren kann einem das Leben sehr viel schwerer machen als ein gut erzogener Vollbluthengst! Vom ersten Tag an darf es in der Ausbildung des Hengstes keine Kompromisse und keine Zugeständnisse geben. Außerdem ist es unbedingt nötig, dass ein Hengst korrekt an das Halfter gewöhnt wird und die Individualdistanz des Menschen respektiert, wie in Kapitel 1 und 3 erklärt.

diszipliniert sein, denn das Pferd muss genau wissen, wo seine Grenzen sind. Geht man inkonsequent mit ihm um, kommt es durcheinander, und dadurch bekommt man Schwierigkeiten. Wenn man einem Hengst den kleinen Finger gibt, nimmt er immer die ganze Hand.

Wenn ein Hengst richtig gehandhabt wird, passiert es oft, dass er anfängt, sich selbst zu disziplinieren, wenn andere es nicht tun. Wenn ein solcher Hengst es beispielsweise mit einem neuen Pfleger oder einem anderen potentiell schwachen Glied in der Befehlskette zu tun bekommt, denkt er vielleicht darüber nach, ob er jetzt über die Stränge schlagen sollte, aber dann behalten seine guten Angewohnheiten gegenüber seinem ersten übermütigen Impuls die Oberhand, so dass man regelrecht sehen kann, wie er sich beherrscht. Dann braucht der Pfleger ihn nicht mehr jeden Schritt lang daran zu erinnern, wer der Chef ist.

▲ ***Es ist wichtig, dass ein Hengst korrekt an Halfter und das Geführt-Werden gewöhnt wird, wie in Kapitel 3 erklärt. Um sicherzustellen, dass man ihn jederzeit vollständig unter Kontrolle hat, kann es nötig sein, eine Führkette durch den seitlichen Ring des Halfters quer über den Nasenrücken des Pferdes zu ziehen. Die Wirkung dieser Verschnallung ist etwa so wie beim Würgehalsband eines Hundes – die »Reissverschlussaktion« und das Rasseln der Kette gegen den Nasenknochen des Pferdes erzeugen ein Geräusch, das seine Aufmerksamkeit erregt. Außerdem fügt es sich selbst einen leichten Schmerz zu, wenn es an der Kette zieht. Der Vorteil bei der Benutzung von Halfter und Führkette anstatt eines Zaumzeuges liegt darin, dass man das Pferd im Falle einer Unstimmigkeit korrigieren kann, ohne es im Maul reißen zu müssen.***

▲ *Beim Führen eines Hengstes bleibt man in kurzer Entfernung neben ihm und stellt sicher, dass man den Führstrick lang genug lässt, um ihn festhalten zu können, ohne unter das Pferd gezogen zu werden, falls es einmal steigt. Wenn es auf den Hinterbeinen steht, kann man es durch Ziehen nach einer Seite so weit aus dem Gleichgewicht bringen, dass es wieder herunterkommt. Sollte sich das Steigen jedoch zu einem echten Problem auswachsen, muss man Korrekturmassnahmen ergreifen, ehe einem das Ganze über den Kopf wächst. Erneute Gewöhnung an Halfter und Führen mit Hilfe einer Kette über der Nase, wie hier abgebildet, ist dabei der erste Schritt. Der Hengst muss lernen, sowohl den Menschen als auch dessen Individualbereich wieder zu respektieren, und es muss ihm klar werden, dass es hier um Taktik geht und nicht um Muskelkraft.*

Einen Hengst muss man respektieren, darf aber keine »heilige Scheu« vor ihm haben. Wenn er gut erzogen wurde, gibt es überhaupt keinen Grund, warum er nicht höflich und gut zu handhaben sein sollte, und zwar auch in Gesellschaft anderer Pferde. Hengste sind ganz bestimmt wählerisch und erkennen schnell, wenn jemand ein weiches Gemüt hat, aber ebenso müssen sie vielseitig sein. Es ist nicht gut, wenn nur eine einzige Person mit einem bestimmten Pferd zurecht kommt; früher oder später wird jemand anderes mit diesem Pferd umgehen müssen, aus welchem Grund auch immer. Wenn dies nicht möglich ist, kann man auch nicht behaupten, der Hengst habe gute Manieren.

Der Hengst im Stall

Die alltägliche Haltung eines Hengstes muss immer gut überlegt werden. Probleme ergeben sich oft dann, wenn man Hengste einer unnatürlichen Haltung unterwirft. Natürlich kann es unpraktisch sein, einen Hengst in einem normalen Stall zu halten, in dem andere Pferde und Reiter sich frei bewegen, aber das ist nicht *seine* Schuld. Wer möchte, dass sein Hengst sich wie ein normales Pferd benimmt – abgesehen davon, dass er Stuten decken kann – der muss ihn auch so behandeln.

Nur zu oft werden Hengste weit weg von allen anderen Pferden irgendwo in eine Box gesperrt, bekommen selten Auslauf und werden sogar getrennt geritten. Das reicht aus, um selbst einen supersanften Wallach furchtbar griesgrämig zu machen – was soll dann erst ein heißblütiger Hengst sagen, der ständig auf der Suche nach Anregung und Unterhaltung ist! Jedes Pferd (und jeder Mensch!), das sich langweilt oder sich frustriert und unglücklich fühlt, wird schwierig im Umgang sein. Pferde sind Herdentiere, und es ist Tierquälerei, einen Hengst isoliert zu halten – egal, wie gut man ihn füttert und pflegt.

Ich habe schon oft Hengste im Stall gehabt. Einige von ihnen hatten Verhaltensprobleme, die ausschließlich auf fehlerhafte Haltung zurückzuführen waren. Alle diese Hengste wurden neben anderen Pferden in Boxen gehalten, in denen sie ihren Nachbarn berühren und beschnuppern konnten. Ein oder zwei Tage lang geht es dann im Stall ziemlich lebhaft zu, aber dann kehrt wieder Ruhe ein. Innerhalb einer Woche sind Besucher oft erstaunt, dass die ruhigen Wesen, die sie da sehen, tatsächlich Hengste sein sollen!

Beißen

Beißen ist eine klassische Form dominanten Verhaltens, die für Hengste typisch ist. Ein Hengst knabbert an einer Stute herum, um herauszufinden, ob sie an seiner Aufmerksamkeit interessiert ist, er packt sie während des Deckaktes mit den Zähnen am Hals, und er greift bei einem Kampf andere Hengste mit den Zähnen an. Selbst bei Hauspferden ist der Instinkt, Dinge anzuknabbern und hineinzubeißen, stark – Hengst scheinen oft der Versuchung nicht widerstehen zu können, ihre Zähne an allem auszuprobieren, was ihnen gerade unterkommt! Aus dem Kraulen und Knabbern eines Hengstfohlens wird jedoch recht bald ein ausgewachsenes Beißen, so dass ein Hengst von Anfang an lernen muss, dass dieses Verhalten nicht akzeptiert wird. Hengstfohlen wachsen nicht aus dem »Beißalter« heraus – ganz im Gegenteil, sie wachsen *hinein*, und dann wird das Geknabbere zu etwas viel Schlimmerem, so dass man handeln muss, sobald das Hengstfohlen anfängt, herumzuknibbeln.

Traditionell versetzt man einem beißenden Pferd jedes Mal, wenn es zu beißen versucht oder gerade gebissen hat, einen Schlag auf die Nase oder zwickt es. Es ist allerdings unmöglich, so schnell zu reagieren, dass man genau im richtigen Augenblick zuschlägt, denn um wirkungsvoll zu sein, muss das Pferd die Konsequenz seiner Handlung in dem Augenblick spüren, in dem es sich daneben benimmt. Eine erhobene Hand scheint immer nur dazu zu führen, dass das Pferd den Kopf aus der Reichweite des Menschen hochwirft, so dass man riskiert, dass es kopfscheu wird. Bei einem Hengst kommt noch hinzu, dass er vielleicht auch noch steigt. Wenn man außerdem im weiteren Verlauf der Ausbildung aus unterschiedlichen Gründen – meistens als Belohnung – die Hand zum Pferdekopf bewegen muss, dann ist es keine gute Idee, dem Pferd jetzt beizubringen, vor der Hand zurückzuscheuen.

Es gibt eine einfache und wirkungsvolle Methode, einem Hengst oder jedem anderen beißenden Pferd beizubringen, dass Beißen verkehrt ist, ohne dabei jemals die Hand zur Bestrafung heben zu müssen. Man legt dem Pferd ein Halfter an und hält eine Seite fest, während man dem Pferd über das Gesicht streicht. Man muss das Halfter fest im Griff haben, darf aber die Bewegungen des Pferdes nicht einschränken – ebenso wie bei der Gewöhnung ans Halfter muss das Pferd die Freiheit haben, sich daneben zu benehmen, damit man die Gelegenheit ergreifen und es korrigieren kann. Wenn das Pferd Anstalten macht, zu beißen, schiebt man ihm mit der Hand, die das Halfter hält, mit einer raschen Bewegung den Kopf zur Seite. Dann holt man sich den Kopf ebenso schnell zurück und streichelt ihn wieder. Die Botschaft, die man dadurch übermitteln will, ist dieselbe wie in so vielen anderen Ausbildungssituationen: »Wenn du bei mir bist und dich gut benimmst, ist alles gut und angenehm für dich; wenn du aber ungezogen bist, musst du die Konsequenzen für deine Handlungen tragen.« Weil man nach dem Schimpfen für das Beißen den Kopf des Pferdes wieder zu sich heranholt, bleibt man der ›Gute‹, der ihm versichert, dass man ihm nichts nachträgt und immer noch sein Freund ist. So verstärkt man die negative Wirkung der Korrektur noch durch die positive Belohnung. Nach einigen Wiederholungen wird dies in den Augen des Pferdes zur Schwarz-Weiß-Situation: wenn es sich benimmt, ist alles gut, aber wenn es versucht zu beißen, wird das Leben unangenehm. So hat man es in eine Situation gebracht, in der es für seine Handlungen selbst verantwortlich ist.

Sehr wichtig ist, dass *der Mensch* und nicht das Pferd die Entscheidung trifft, dass der Pferdekopf wieder in Richtung des Menschen gedreht wird.

DAS FLEHMEN

Flehmen ist ein typisches Hengstverhalten, obwohl man es auch bei Stuten und Wallachen sehen kann, wenn sie etwas riechen oder schmecken. Flehmen ist am gestreckten Hals und Kopf sowie an der hochgerollten Oberlippe ziemlich gut zu erkennen. Dies Verhalten kann auf Schmerz hindeuten: man kann es bei Stuten sehen, bei denen die Wehen einsetzen, und auch bei manchen Pferden, die Kolik haben.

Das zeigt ihm, dass *der Mensch* derjenige ist, der die Situation kontrolliert, und macht ihm deutlich, dass man ihm zwar letztes Mal seinen Fehler klarmachen musste, dass man ihm das jedoch nicht vorhält und deswegen nicht böse ist. Wenn es wieder versucht, zu beißen, wird es wieder scharf weggestoßen, um dann zu den Bedingungen *des Menschen* zu ihm zurückzukommen und dafür belohnt zu werden. Man muss dabei konsequent bleiben und diesen Vorgang jedes Mal wiederholen, wenn das Pferd zu beißen versucht – egal, ob es dabei wirklich zugebissen hat oder nicht.

Wenn man denkt, dass das Pferd seine Lektion gelernt hat, kann man die Probe aufs Exempel machen, indem man ihm den Rücken zudreht (wobei man es jedoch genau im Auge behält). So kommt man so nahe an das Pferd heran, dass man ein verführerisches Ziel bildet und es dem Pferd leicht macht, einen Fehler zu machen und seine Manieren zu vergessen, falls es das vorhat. Beim leisesten Hinknabbern stößt man mit dem Ellenbogen hart nach hinten, so dass man seine Nase schwungvoll aus der Richtung bringt. Dann dreht man sich herum und erneuert die Freundschaft mit dem Pferd, indem man es zwischen den Augen reibt. Als letzten Test steckt man dem Pferd die Finger ins Maul und reibt ihm das Zahnfleisch: wenn man es gut ausgebildet hat, wird es diese wunderbare Gelegenheit zum Beißen verstreichen lassen und das von diesem Augenblick jedes Mal tun, wenn man diesen Test macht. Allerdings sollte man diesen Test zunächst von einem erfahrenen Ausbilder durchführen lassen.

Steigen

Eine Angewohnheit, zu der Hengste von Natur aus neigen, ist das Steigen. Nun ist dies normalerweise für ein Reitpferd ein praktisch unanehmbares Verhalten, während es für einen Hengst zum Imponiergehabe zählt. Wer einen Hengst hält, muss akzeptieren, dass dieser mit großer Sicherheit von Zeit zu Zeit steigen wird. Steigen gehört zum Werbeverhalten, so dass Hengste viel eher zum Steigen neigen als jede Stute und jeder Wallach. Trotzdem gibt es für alles die richtige Zeit und den richtigen Ort, so dass man die Gründe des Hengstes für das Steigen analysieren und entsprechend handeln muss. Man muss sich also fragen, ob der Hengst das Steigen gezielt gegen den Menschen einsetzt, um seinen Willen durchzusetzen, oder ob er einfach nur seinen Stuten imponieren will. Letzteres ist völlig natürlich und deswegen bis zu einem gewissen Grade entschuldbar. Fordert er damit allerdings den Menschen heraus, und wendet er sich womöglich noch zu ihm hin und »boxt« mit den Vorderbeinen, wie er es einem anderen Pferd gegenüber tun würde, dann muss man in der Beziehung wieder die Oberhand gewinnen, bevor jemand verletzt wird.

Ein Hengst ist im Allgemeinen stark genug und so gut im Gleichgewicht, dass er steigen kann, ohne zu riskieren, sich nach hinten zu überschlagen. Trotzdem zeigt er damit einen Mangel an Respekt und kehrt den Chef heraus, so dass man solchen Benehmen einen Riegel vorschieben muss, bevor auch andere Verhaltensbereiche betroffen sind. Steigen ist schließlich eine der wirkungsvollsten Methoden, um seine Kraft und Autorität spielen zu lassen, und bringt den Menschen, der mit dem Pferd umgeht, in eine hilflose und verletzliche Position.

Dieser Hengst will eindeutig seinen Stuten imponieren. Für ihn ist das ein natürliches Verhalten, das man nicht mit aggressivem Benehmen verwechseln darf.

Lösungen für das Problem mit dem Steigen

Wenn das Pferd sich auf die Hinterbeine hebt, muss es seine verletzlichsten Körperpartien entblößen, also Bauch, Brust und die Innenseiten der Oberschenkel. Diese weichen Stellen sind die Stellen, an denen Raubkatzen und wilde Hunde bevorzugt angreifen, wenn sie Wildpferde jagen – Pferde versuchen instinktiv, diese Bereiche zu schützen. Die wirkungsvollste Methode, einen Steiger zu kurieren, besteht deswegen darin, ihm mit einem Stück Seil oder einer Gerte hart unter den Bauch zu schlagen, wenn er sich aufbäumt. Wenn das Pferd beim Reiten steigt, kann ein guter Reiter das vom Sattel aus tun; wenn es bei der Bodenarbeit steigt, bekommt es den Schlag von demjenigen, der es führt. Diese Behandlung hält den Hengst rasch davon ab, seine verletzlichen Bereiche wieder so bloßzulegen. Normalerweise muss man diese Prozedur nur ein- oder zweimal durchführen, bis das Pferd die Botschaft verstanden hat.

Die traditionelle Methode, einem Steiger auf den Kopf zu schlagen, ist barbarisch und beruht auf falschen Annahmen. Zudem klappt sie nur selten, weil das Pferd, wie bereits erläutert, ein Tier ist, das sich in einen Druck hineinbewegt. Außerdem kommt man beim Steigen nur an den Kopf heran, wenn das Pferd geritten wird, nicht aber beim Steigen an der Hand. Auf diese Weise bestätigt man dem Pferd nur, dass der Reiter für diese Unannehmlichkeit verantwortlich ist, so dass es nun umso entschlossener sein wird, den Reiter loszuwerden. Wenn man ihm einen Schlag unter den Bauch versetzt, bringt es das nicht mit dem Reiter auf seinem Rücken in Verbindung, und außerdem kann man diese Methode sowohl beim gerittenen als auch beim geführten Pferd anwenden.

Dies ist kein Problempferd, sondern ein Hengst, der sich völlig normal benimmt. Wenn man sich nicht sicher ist, dass man mit solchem Verhalten ruhig, vernünftig und wirkungsvoll umgehen kann, sollte man sich keinen Hengst halten. In diesem Falle wird ein Junghengst an Weiden mit anderen Pferden (darunter Stuten und andere Junghengste) vorbeigeführt, damit Max Fehlverhalten korrigieren kann, sobald es sich einstellt.

Man muss daran denken, dass man es bei einem Hengst mit einer ganz speziellen Art des Steigens zu tun hat: der Hengst versucht, sich zum Herrn der Lage aufzuwerfen. Wenn ein normales Reitpferd zu steigen beginnt, hat das völlig andere Ursachen, mit denen man einfühlsam umgehen muss. Beim Reitpferd ist solches Verhalten praktisch immer von Schmerzen verursacht und darf deswegen nicht bestraft werden. Das Pferd versucht mit größter Wahrscheinlichkeit nur verzweifelt, dem Menschen zu sagen, dass etwas nicht stimmt.

Aggression

Hengste versuchen von Natur aus, ihr Revier zu verteidigen. Das führt zwar dazu, dass es ein Vergnügen ist, eine Hengstbox auszumisten, weil die Äpfel alle an derselben Stelle liegen, es kann jedoch auch heißen, dass Hengste ihre Box als ihr Revier verteidigen. Wenn ein Hengst also in der Box aggressiv wird, liegt das wahrscheinlich daran, dass er den Menschen aus seinem Territorium verjagen will, was wiederum zeigt, dass er ihn nicht wirklich als Vorgesetzten anerkennt. Solches Verhalten beweist einen Mangel an Respekt, den man sofort beheben muss.

Zunächst muss man überprüfen, ob Faktoren vorliegen, die dem Hengst einen tieferen Grund dafür geben könnten, dem Menschen gegenüber aggressiv zu werden. Geschieht dies zum Beispiel immer dann, wenn der Hengst gerade gedeckt hat und sein Testosteronspiegel sehr hoch ist? Ist der angegriffene Pfleger vorher mit einer rossigen Stute umgegangen? Ist er beim Umgang mit diesem Hengst nachlässig geworden oder hat angefangen, ihm Leckerbissen zu geben? Wird der Hengst aggressiv, wenn man mit dem Sattel- oder Zaumzeug kommt, muss man überprüfen, ob er nicht irgendwo Schmerzen hat, die das Geritten-Werden zu einer unerfreulichen Angelegenheit machen. Bekommt der Hengst vielleicht zu viel Futter für seine Arbeitsbelastung?

Sobald alle diese Ursachen, die man mit dem gesunden Menschenverstand überprüfen kann, ausgeschlossen worden sind, arbeitet man erst einmal außerhalb der Box daran, die Autorität des Menschen wieder herzustellen. Dazu bringt man das Pferd mittels eines Druckhalfters (wie weiter oben abgebildet und beschrieben) dazu, wieder auf die Körpersprache des Menschen zu achten. Man sorgt dafür, dass der Hengst den Kopf beim Menschen hält und führt einen Join-up durch (siehe Kapitel 4). Dann fährt man mit den Händen über all seine verletzlichen Stellen und lässt sich die Hufe geben – schließlich macht sich das Pferd damit in psychologischer Hinsicht selbst ›zum Krüppel‹. Wieder in der Box, verwendet man aggressive Körpersprache, damit der Hengst vor dem Menschen zurückweicht, und besteht darauf, dass er den Kopf in Richtung des Menschen gewendet hält, wie es beim Join-up eingeübt wurde.

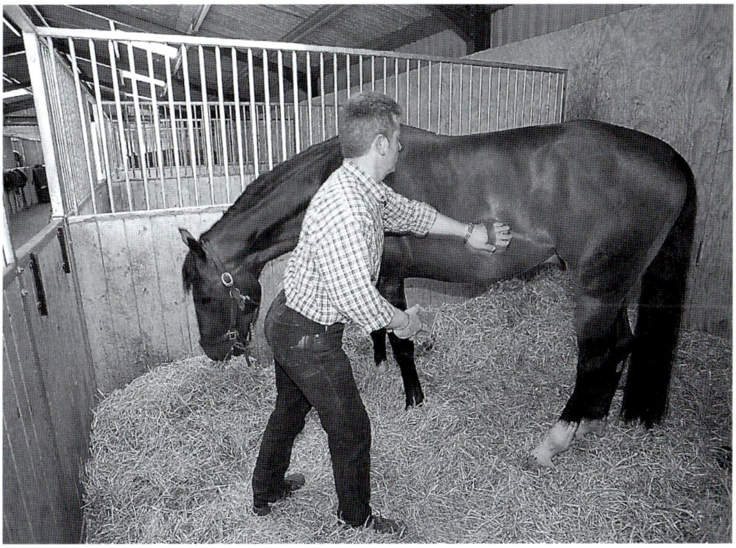

Gute Manieren in der Box sind wichtig. Die irrtümliche Auffassung, dass man Hengste anbinden müsse, ist weit verbreitet, aber Hengste lieben Gesellschaft und mögen es gern, wenn sie berührt werden.

Deckenzerreißen

Dies ist ein weiteres Beispiel für ein natürliches Revierverhalten, für das es keine schnelle Lösung gibt. Der Hengst meint, alles als sein persönliches Eigentum markieren zu müssen, und Beißen ist eine Lieblings-Angewohnheit. Also gibt man ihm die ältesten, festesten Decken, die man finden kann, und erlaubt ihm, sie mit seinem eigenen Geruch zu markieren. Man kann sie sogar auf den Boden legen und dem Hengst gestatten, sie ein oder zwei Stunden lang durch die Box zu schleppen. Wenn er die Decke einige Tage lang getragen hat und sie anfängt, bekannter zu riechen, lässt das Beißverhalten normalerweise nach, so dass man es nicht zu eilig damit haben sollte, die Decke zum Waschen und Reparieren wieder wegzunehmen. Hengste fühlen sich am wohlsten, wenn sie die Dinge um sich herum gut kennen. Deswegen sollte man immer dieselbe Decke verwenden. Wenn ein Hengst eine neue Decke braucht, muss man diese wahrscheinlich dem oben beschriebenen Ritual unterziehen. Dieses Verhalten ist ziemlich häufig. Wenn es allerdings allzu lange anhält, sollte man in Betracht ziehen, dass dem Hengst die Decke unbequem ist.

• • • AUF EINEN BLICK • • •

- *Man sollte sich sehr eindringlich fragen, ob man einem Hengst gerecht werden kann.*
- *Junghengste müssen korrekt an Halfter und Geführt-Werden gewöhnt werden.*
- *»Heilige Scheu« vor einem Hengst ist unangebracht. Er ist ein intelligentes Tier und wird auf eine korrekte Ausbildung entsprechend reagieren.*
- *Natürliche Instinkte muss man zulassen, niemals aber freches Verhalten.*
- *Gutes Benehmen am Boden wird sich immer in der Arbeit widerspiegeln, die ein Hengst unter dem Sattel leistet.*
- *Man sollte einem Hengst erlauben, so normal wie möglich zu leben.*
- *Potentielles Fehlverhalten muss bereits im Keim erstickt werden.*
- *»Vertrautheit schafft Mißachtung«, deshalb sollte man auf der Hut sein und im Umgang mit Hengsten keine Schlampereien einreißen lassen. Man muss bei sich selbst ebenso sehr auf Disziplin achten wie beim Pferd.*
- *Jede Person, die mit dem Hengst umgeht, sollte kompetent und konsequent sein.*
- *Eine verlässliche Routine ist sehr hilfreich. Der Hengst sollte genau erkennen können, ob er jetzt ausgeritten wird oder gleich eine Stute decken soll, damit er sich entsprechend verhalten kann.*

Kapitel 6

Die Ängste der Heranwachsenden

(18 Monate bis 2½ Jahre)

Es hat mich schon immer gewundert, dass Pferdebesitzer warten, bis ein Pferd drei oder vier Jahre alt ist, ehe sie anfangen, mit ihm zu arbeiten. Noch erstaunlicher ist, dass sie glauben, sie täten dem Pferd damit einen Gefallen, weil sie ihm erlauben, »zu reifen«. Tatsächlich ist aber nichts Besonderes daran, dass es nun drei ist – dies ist einfach das Alter, in dem ein Pferd stark genug ist, um jeweils für kurze Zeit einen Reiter zu tragen. Man muss nur einmal an all die Dinge denken, die ein Kind lernt, noch bevor es zur Schule geht: ein wenig Disziplin, Kommunkationsfähigkeit und ein paar soziale Verhaltensregeln machen es zu einem viel selbstsichereren und aufnahmefähigeren Schüler, wenn es schließlich soweit ist. Beim Pferd ist es genauso. Dass es einen Reiter tragen soll, ist nur eines der letzten Puzzleteile, die an ihren Platz gelegt werden, und es gibt eine ganze Menge Dinge, die ein Jungpferd schon vorher gelernt haben sollte.

Wenn das Pferd 18 Monate alt ist, sollte es Respekt vor dem Menschen und dessen Individualbereich gelernt haben, es sollte richtig an Halfter und Geführt-Werden gewöhnt worden sein, auf Aufforderung die Hufe heben, sich anbinden, putzen und überall berühren lassen. Wurde es korrekt an das Halfter gewöhnt, sollte es auch keinen Grund geben, warum es sich nicht problemlos in einen Hänger ein- und ausladen lassen sollte. Eine gute Vorbereitung fördert das Selbstvertrauen von Mensch und Pferd, so dass der ganze Vorgang des Anreitens einfach nur zu einem weiteren kleinen Schritt im ständigen Ausbildungsvorgang des Pferdes wird und kein großes Ereignis mehr darstellt.

Für körperliche Belastung mag es noch zu früh sein, aber geistige Stimulation ist eine andere Sache. Jetzt ist die richtige Zeit, um das Pferd an so viele Erfahrungen wie möglich zu gewöhnen, beispielsweise an das Verladen in einen Hänger oder Lastwagen.

Gewöhnung an die Ausrüstung

Sobald ein Pferd die Entscheidung getroffen hat, dass es beim Menschen sein will, hat man sich sein bedingungsloses Vertrauen und seinen Respekt erworben. Es wird dem Menschen auf den Fersen folgen und das Privileg genießen, in seiner Gesellschaft sein zu dürfen. Seitens des Pferdes ist eine solche Entscheidung ziemlich unwiderruflich, es sei denn, der Mensch würde unverständlich handeln und so sein Vertrauen missbrauchen. Das Pferd hat den Menschen als Freund akzeptiert und als Anführer anerkannt, so dass dieser in einer starken Position ist, wenn er nun Gefälligkeiten von ihm einfordert und es mit verschiedenen Ausrüstungsgegenständen bekannt macht. Für das Pferd sehen diese Gegenstände ja sehr seltsam aus und riechen auch eigenartig, aber wenn der Mensch sagt, dass sie harmlos sind, wird es bereit sein, sie zu akzeptieren. Mit ein- bis zweieinhalb Jahren ist ein Pferd noch zu jung, um das Gewicht eines Reiters zu tragen und dabei auch noch Leistung zu erbringen; seine Knochen sind noch nicht ausgereift genug (außer bei den Vollblütern). Sicherlich aber kann man ein Pferd in diesem Stadium an die Ausrüstung gewöhnen, die es irgendwann tragen wird, so dass es schließlich vollständig entspannt und problemlos damit zurecht kommt. Man kann ihm Gamaschen, Bandagen, Decken und all die verschiedenen Bestandteile der Ausrüstung wie Sattel und Zaumzeug anlegen, so dass es mit jedem Aspekt des Anreitens vollständig vertraut ist – außer mit dem eigentlichen Aufsitzen und Reiten.

Ich fange immer da an, wo ich nach dem Join-up mit dem Pferd aufgehört habe (siehe Kapitel 4), nämlich im Round Pen. Wenn Sie keinen solchen Pen haben, tut es auch ein kleiner Bereich einer Weide oder eines Reitplatzes, den Sie mit Strohballen, Stangen oder anderem geeigneten Material so abtrennen können, dass Sie für die Arbeit eine Fläche von ungefähr 20 Quadratmetern zur Verfügung haben. Das Pferd muss frei laufen und instinktiv reagieren können. Jegliche greifbare Verbindung wie beispielsweise eine Longe verbindet Sie zu direkt mit dem Pferd. Das Tier muss freiwillig Ihre Gesellschaft suchen, und falls etwas schief geht, darf es die unangenehme Erfahrung nicht mit Ihnen verbinden. Wenn das Pferd frei laufen kann, sind Sie außerdem gezwungen, als einziges Kommunikationsmittel die Körpersprache einzusetzen (siehe Kapitel 1) und es sorgfältiger zu beobachten.

Arbeiten Sie langsam und allein. Viele Leute haben zwar gute Gründe für die traditionelle Methode, einen Helfer hinzuzuziehen, aber technisch könnte das so interpretiert werden, dass man zu mehreren auf das Pferd losgeht und dass Sie erwarten, dass etwas schief läuft! Ich kann versichern, dass das Pferd von seiner Seite aus keinen Rückzieher vom Vertrag machen wird, wenn es keinen Grund bekommt, seine Meinung über Sie zu ändern. Wenn das Pferd Ihnen nicht genügend vertraut, um Sie tun zu lassen, was Sie möchten, müssen Sie warten, bis die Beziehung sich verbessert hat, bevor Sie versuchen, weiterzumachen.

Ich bin außerdem der Meinung, das ein sehr vorsichtiges Herangehen an die Sache ein häufiger Fehler ist, wenn man ein junges Pferd mit neuen Ausrüstungsgegenständen konfrontiert. Zu viele Leute versuchen, sich anzuschleichen und leise ein unbekanntes Objekt wie beispielsweise eine Decke oder einen Sattel auf den Rücken des Pferdes zu ›schmuggeln‹. Sie halten dies für ein taktvolles Vorgehen. Tatsächlich erreichen sie damit aber nur, dass sie das Pferd überraschen und in ihm den Ein-

Durch den Join-up sind gegenseitiges Vertrauen und gegenseitiger Respekt hergestellt worden. Dieses Pferd ist bereit, alles auszuprobieren, was Max ihm vorschlägt, selbst wenn es gegen seine natürlichen Instinkte verstößt.

druck erwecken, hier gäbe es etwas, wovor man Angst haben muss, so dass es zur Seite springen und entsprechend reagieren wird.

Wenn Sie genau das Gegenteil tun, werden Sie auch genau das Gegenteil erreichen: marschieren Sie mit dem neuen Ausrüstungsgegenstand zu dem Pferd hin, erlauben ihm, daran zu schnuppern und das Ding zu untersuchen, beruhigen es mit der Stimme und bringen Sie den Gegenstand dorthin, wo Sie ihn haben wollen. Wenn das Pferd jetzt zusammenzuckt und davonläuft, dann muss das eben so sein. Merkt es jedoch, dass es nicht in der Falle sitzt, sondern weglaufen kann, wenn es will, wird seine Panik sich viel schneller legen, als wenn es festgehalten oder angebunden wird. Und dann können Sie es noch einmal probieren.

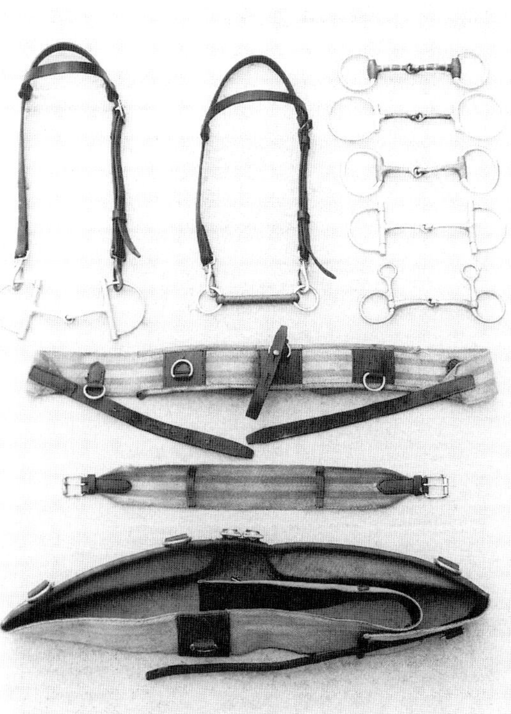

Die Ausrüstung sollte einfach, bequem und vorzugsweise alt sein. Das Zaumzeug hat Karabiner zum schnelleren Ein- und Aushängen verschiedener Gebisse, während in diesem Stadium Nasenriemen oder Zügel nicht nötig sind. Eine Art Vorderzeug verhindert, dass der Longiergurt nach hinten rutscht und macht das Pferd außerdem mit dem Druck vertraut, den es an der Brust spüren wird, wenn es zum ersten Mal eine Decke trägt.

Die Vorteile des Join-up. Dieses Pferd steht ruhig da und hat sich Max zugewendet, um darauf zu warten, was als nächstes kommt. Es zeigt keine Furcht, nur ruhige Neugier.

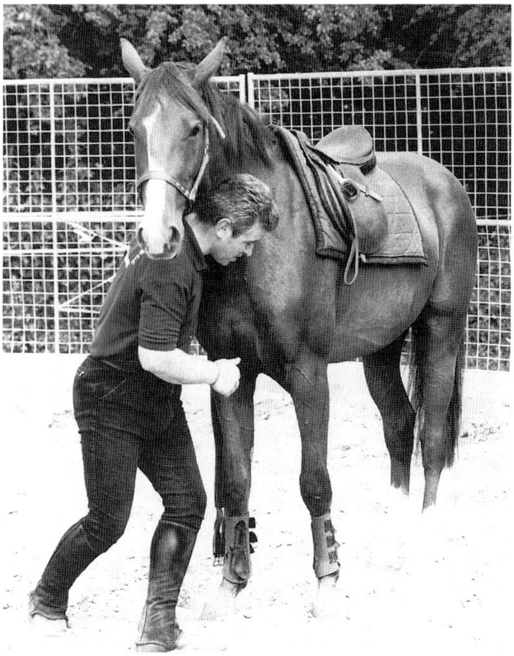

Arbeiten Sie langsam und allein; lassen Sie dem Pferd die Freiheit, zu reagieren. Es muss seine eigene Entscheidung sein, zu bleiben und den Menschen tun zu lassen, was er will. Sie sollten es dazu nicht zwingen.

Gamaschen und Bandagen

Selbst wenn Sie nicht vorhaben, Ihr Pferd später mit Gamaschen oder Bandagen zu reiten, ist es vernünftig, ihm beizubringen, solche Dinge zu akzeptieren. Der ganze Vorgang steht ja in einem größeren Rahmen, in dem es darum geht, das Vertrauen und die Selbstsicherheit des Pferdes so weit wie möglich aufzubauen. Denken Sie damit einmal an Ihre eigene Schulzeit: wahrscheinlich haben Sie nicht einmal die Hälfte dessen, was Sie damals gelernt haben, je wieder gebraucht, die mathematischen Gleichungen beispielsweise, oder die Französisch-Übersetzungen, aber die Disziplin, die Sie zum Lernen aufbringen mussten, und auch die geistige Anregung dadurch, waren Teil eines umfassenderen Lernprozesses und haben dazu beigetragen, geistige Bewusstheit und logisches Denken zu fördern – und vor allem Selbstvertrauen aufzubauen. Es ist ausserordentlich wichtig, dass ein junges Pferd glaubt, jede Situation meistern zu können, mit der Sie es konfrontieren. Je weniger es sich außerdem jetzt davon aufregen lässt, dass Sie ihm irgend etwas um die Beine legen, desto weniger wird es wahrscheinlich vor anderen Ausrüstungsgegenständen wie Longen oder der Hinterhandbegurtung einer Decke erschrecken.

Inzwischen sollten Sie seit mehreren Monaten regelmäßig die Beine des Pferdes berühren und anheben können, so dass das Anlegen von Bandagen jetzt kein Problem sein sollte. Anfangs kann es allerdings sein, dass das Pferd das Gefühl der Gamaschen an den Beinen beim Bewegen gar nicht mag. Nur längerfristige Erfahrung kann es überzeugen, dass man sich darüber nicht aufzuregen braucht. Bandagen sind weicher und passen sich der Form des Beins besser an als Gamaschen, aber der Vorgang des An- und Abwickelns braucht Zeit und Geduld, so dass man das Pferd am besten zuerst an Gamaschen gewöhnt. Es kann gut sein, dass Sie niemals Bandagen verwenden wollen, aber früher oder später werden Sie das Pferd für einen längeren Transport fertigmachen oder ihm wegen einer Verletzung einen Verband anlegen müssen – und unter diesen Umständen ist es dann reichlich spät, das Pferd zum ersten Mal damit zu konfrontieren.

Selbstvertrauen aufbauen

Die Technik, mit der man ein Jungpferd mit neuen Ausrüstungsgegenständen vertraut macht, ist unabhängig vom Gegenstand immer dieselbe. Ein Longiergurt fühlt sich auf dem Pferderücken auch

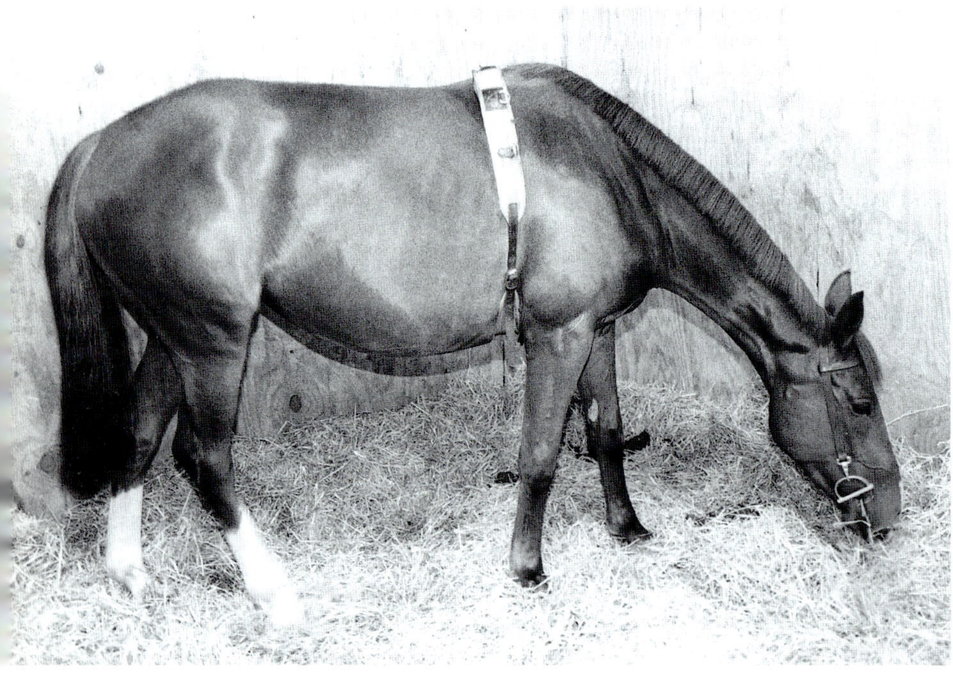

Wenn das Pferd weiterfrisst, obwohl man ihm neue Sachen angelegt hat, stört es sich ganz offensichtlich nicht mehr daran.

nicht viel anders an als ein Sattel, obwohl der Mensch dem Sattel die größere Bedeutung beimisst. Es ist aber immer sinnvoll, mit einfachen Gegenständen anzufangen und die komplizierteren Sachen erst allmählich einzuführen, wenn das Pferd schon mehr Selbstvertrauen aufgebaut hat. Sie können damit anfangen, dass Sie bei jedem Putzen im Stall ein Maßband oder ein weiches Seil um den Pferdekörper legen. Ziehen Sie es allmählich fest und lassen es dann wieder locker.

Werfen Sie dem Pferd das Seil oder das Band quer über den Rücken und lassen es am Hals herunterbaumeln, bis es sich völlig daran gewöhnt hat. Dann tauschen Sie das Band gegen einen Longiergurt aus und machen damit dasselbe.

Schließen Sie die Schnallen am Longiergurt erst, wenn Sie die Reaktion des Pferdes abschätzen können. Manche Pferde fühlen sich gefangen und geraten in Panik, wenn sie zum ersten Mal ein festes, unbewegliches Band um den Körper spüren. Respektieren Sie seine Fluchtinstinkte und gehen Sie einfühlsam mit ihm um; geben Sie ihm also jede Menge Zeit, sich an dieses Gefühl zu gewöhnen. Den Longiergurt an die richtige Stelle zu legen und ihn zuzuschnallen, ist ja nur der Anfang – Sie müssen ihn so oft anlegen und wieder abnehmen, bis der Vorgang das Pferd zum Gähnen langweilt. Als nächstes lassen Sie den Gurt ein oder zwei Stunden lang am Pferd. Wenn Sie dieses Stadium erreicht haben, sollten sie den Gurt außerdem mit einer Art Vorderzeug ausrüsten, damit er nicht nach hinten rutscht, weil das das Pferd nur unnötig beunruhigen würde. Es kann nützlich sein, als Hinweis auf die geistige Verfassung des Pferdes etwas Heu in die Box zu legen – wenn das Pferd weiterfrisst, während Sie an ihm herumhantieren, dürfte es die Sache ziemlich entspannt sehen!

Das Satteln

Hat sich das Pferd an den Longiergurt gewöhnt, ist es nur noch ein relativ kleiner Schritt, den Gurt gegen einen Sattel auszutauschen. Das Pferd hat keine Ahnung, welch große Bedeutung der Sattel in seinem Leben einmal haben wird, so dass es ihn in diesem Stadium nur als eine Abwandlung des Longiergurtes sehen sollte. Es ist eigentlich reine Ironie, dass genau die Stelle, an der ein Mensch auf dem Pferd sitzt, auch die Stelle ist, an der ein Raubtier angreifen würde, so dass es ungeheuer wichtig ist, alles zu tun, damit das Pferd jegliche Unsicherheit oder Angst gegenüber Berührungen in diesem Bereich verloren hat, bevor tatsächlich jemand aufsitzt.

Wenn ein Pferd sich im Stall mit den verschiedenen Ausrüstungsgegenständen vollständig vertraut gemacht hat, kommt die nächste Stufe der Ausbildung. Lassen Sie es nun im Round Pen oder auf dem Reitplatz frei laufen. Das Pferd muss die Freiheit haben, herumzutraben oder zu galoppieren und dabei die Ausrüstungsgegenstände, die es trägt zu untersuchen und damit zu experimentieren.

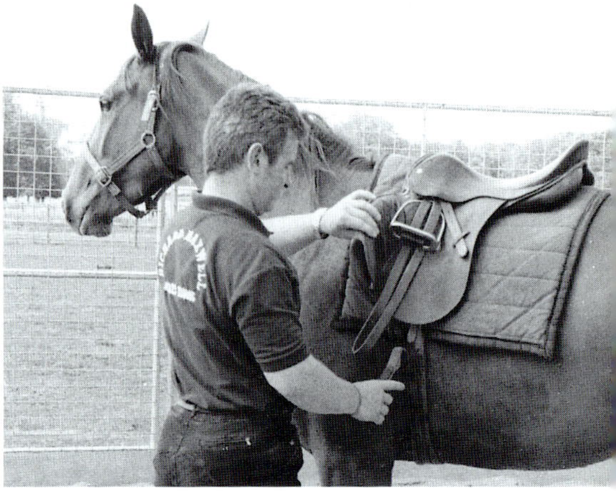

▲ ***Oft gehen Pferdebesitzer ganz, ganz vorsichtig vor, wenn sie ein junges Pferd an neue Ausrüstungsgegenstände gewöhnen wollen. Dies ist aber ein Fehler: es ist besser, geradewegs zum Pferd zu marschieren und ihm zu zeigen, dass es nichts gibt, wovor es sich fürchten müsste.***

▲ ***Oben rechts: Das Pferd sollte unangebunden stehen, so dass es weglaufen kann, wenn es will. Sein Vertrauen zu Ihnen und seine Neugier werden es bald wieder zurückkommen lassen.***

▲ ***Lassen Sie sich Zeit damit, den Sattelgurt anzubringen und festzuziehen. Üben Sie das Auflegen und Abnehmen erst ein paarmal, bis das Pferd dies als Routine akzeptiert.***

Verwenden Sie nach Möglichkeit einen älteren Sattel, denn wenn Sie dem Pferd erlauben, diesen neuen Gegenstand zu beriechen und zu untersuchen, kann es auch passieren, dass es daran knabbert oder mit dem Huf daran scharrt, und davon sollten Sie es in diesem Stadium nicht abhalten. Das ist seine Art, sich über dieses Ding völlig klar zu werden, und es macht letzten Endes auch *Ihr* Leben leichter, wenn das Pferd die Ausrüstung gelassen und vertrauensvoll akzeptiert. Nähern Sie sich dem Pferd mit festen, sicheren Schritten, legen Sie den Sattel hoch oben am Widerrist auf und lassen ihn nach hinten an die richtige Stelle gleiten. Das sollten Sie im Verlauf mehrerer Tage mehrmals wiederholen, bis das Pferd sich daran gewöhnt hat. Es gibt keinen Grund, warum es dagegen überhaupt irgendwelche Einwände erheben sollte, wenn es vernünftig darauf vorbereitet wurde. Nun wird der Gurt eingeschnallt und fest angezogen; daran sollte das Pferd ja bereits gewöhnt sein, wenn Sie es mit Hilfe eines Longiergurtes vorbereitet haben.

Ein Wort zur Warnung: Sie können genau das Gegenteil von dem erreichen, was Sie wollen, wenn Sie versuchen, »vorsichtig« zu sein und den Gurt nur locker anzuziehen. Sollte das Pferd doch etwas dagegen haben und buckeln, kann der Sattel nach hinten oder unter seinen Bauch rutschen, und dadurch würde es das Ganze in sehr schlechter Erinnerung behalten. Dies müssen Sie auf jeden Fall vermeiden. Es würde Monate dauern, Angst und Misstrauen wieder zu überwinden. Gehen Sie deshalb kein Risiko ein und gurten den Sattel von Anfang an fest. Arbeiten Sie von beiden Seiten des Pferdes her und bauen das Auflegen und Abnehmen des Sattels in die tägliche Putzroutine mit ein.

▲ *Das Pferd muss frei laufen können und instinktiv reagieren dürfen, wenn Sie es mit neuer Ausrüstung bekannt machen. Jegliche greifbare Verbindung wie beispielsweise eine Longe verbindet den Menschen zu direkt mit dem Pferd – der Gedanke, dass sich die Longe auch bewegt, wenn das Pferd sich bewegt, ist dem Tier völlig fremd und könnte all seinen primitiven Fluchtinstinkte zum Durchbruch kommen lassen. Seien Sie jederzeit bereit, das Pferd zu beruhigen.*

Das Auftrensen

Im Allgemeinen verwende ich für den Anfang ein altmodisches Gebiss aus Kupfer und Eisen, weil dies vom Standpunkt des Pferdes aus ein wärmeres Metall mit einem weniger unangenehmen Geschmack ist als rostfreier Stahl. Man kann auch eine ganze Menge Kupfergebisse und Gebisse auf Kupferbasis kaufen. Es ist wichtig, ein Gebiss zu wählen, das zum Maul und zur Zunge des Pferdes passt. Ein dickeres Mundstück übt zwar weniger Druck aus, ein dünneres kann jedoch für ein Jungpferd anfangs leichter zu tolerieren sein. Wie immer muss man jedes Pferd als Individuum behandeln

▲ *Dieses Jungpferd läuft mit dem Sattel auf dem Rücken ziemlich ruhig frei umher. Die Steigbügel wurden absichtlich nicht fixiert, damit das Pferd sich an das Gefühl gewöhnen kann, dass sie gegen seinen Bauch schlagen.*

▶ *Übung macht den Meister! Das Pferd muss lernen, beim Auftrensen das Maul zu öffnen. Dies wird es nur tun, wenn Sie ihm diese Erfahrung so einfach und stressfrei wie möglich machen.*

und daran denken, dass sein Maul und seine Zähne sich ständig verändern, bis es ungefähr fünf Jahre alt ist. Wenn seine Zähne scharfe Kanten haben oder schmerzen, wird das Pferd natürlich keine Lust haben, überhaupt irgendein Gebiss zu akzeptieren, so dass man sie von einem qualifizierten Pferdezahnarzt überprüfen lassen sollte. Es lohnt sich, viele Kilometer zu fahren, um einen zu finden – wenn die Zähne vernünftig gepflegt werden, sollte es schließlich reichen, dies einmal im Jahr zu tun. Für das Pferd ist dies eine wichtige Voraussetzung dafür, dass es sein Leben genießen kann.

Die Pferde, die ich anreite, sind daran gewöhnt, an Kopf und Ohren berührt zu werden, und ich achte immer darauf, bereits bei jungen Pferden mit den Fingern das Maul und das Zahnfleisch zu reiben, so dass das Anlegen des Gebisses nie ein Problem ist. Normalerweise lasse ich die Pferde jeden Tag für eine kurze Zeit das Gebiss in der Box tragen. Das Zaumzeug sollte ohne Nasenriemen oder Zügel angelegt werden und muss im Bereich der Ohren ziemlich locker sitzen. Pferde können, wie ich selbst gesehen habe, chronisch kopfscheu werden, wenn ein Zaumzeug im Bereich der Ohren zwickt.

Hier kann die Geschichte schief gehen, wenn Sie nicht genügend Zeit damit verbracht haben, das Pferd an Berührungen verletzlicher Bereiche wie den Kopf zu gewöhnen und es zu überreden, nicht so empfindlich zu sein, wenn Sie es dort anfassen wollen. Ebenso wichtig ist ein angenehmes Gebiss. Stellen Sie außerdem sicher, dass nichts an den Ohren drückt oder scheuert und dass das Stirnband weit genug ist.

Stalldecken

Sehr häufig ist das Auflegen einer Stalldecke für ein junges Pferd am beängstigendsten, nicht etwa das Auflegen des Sattels. Dies ist eigentlich nicht verwunderlich, denn eine Stalldecke ist groß und flattert herum, sie hat Beinschnüre und Schnallen und hüllt den ganzen Körper von der Brust bis zum Schweif ein – als empfindsames Fluchttier muss das Pferd sich einfach zunächst eingesperrt und unwohl fühlen. Bedenken Sie, dass eine Stalldecke weder so fest angegurtet noch so sicher angepasst werden kann wie ein Sattel, und dass sie gern rutscht.

Wenn Sie Ihrem Pferd das erste Mal eine Stalldecke anlegen, sollten Sie also keine Experimente machen.

Beginnen Sie damit, eine kleine Decke oder ein Handtuch quer über den Pferderücken zu legen und mit dem Longiergurt zu befestigen. Sobald das Pferd sich in der Box an das Gefühl dieser Konstruktion auf seinem Rücken gewöhnt hat, gehen Sie zu einem Bettlaken über, das ebenfalls wieder vom Longiergurt gesichert wird, und machen schließlich mit einer leichten Stalldecke weiter. Lassen Sie das Pferd wie immer die Decke beschnüffeln, bevor Sie sie auflegen, und reiben Sie mit einer Ecke der Decke über seinen ganzen Körper.

Wenn Sie beschlossen haben, die Decke aufzulegen, dürfen Sie sich nicht davon abbringen lassen, wenn das Pferd Angst bekommt. Versucht das Pferd sich zu entziehen, bewegen Sie sich mit ihm, legen ihm die Decke an den Körper und halten sie dort, bis das Pferd stehen bleibt und Sie die Decke weiter über seinen Rücken schieben und dort befestigen können. Das Pferd darf niemals merken, dass es Sie von einem Vorhaben abbringen und um eine Lektion herumkommen könnte, indem es scheut.

Wenn sich das Pferd wirklich fürchtet oder schlechte Erfahrungen gemacht hat, lassen Sie die Decke über Nacht in seiner Box, so dass es sie in aller Ruhe untersuchen kann. Wickeln Sie sie um Ihren eigenen Körper, wenn Sie mit dem Pferd umgehen. So wird der Geruch der Decke dem Pferd vertraut, und es wird die Decke mit einer erfreulichen Erfahrung verbinden, beispielsweise dem Streicheln oder Putzen. Denken sie daran, dass das Pferd sein Selbstvertrauen von Ihnen bezieht. Deshalb müssen Sie so tun, als wäre das Ganze wirklich völlig unwichtig, und Selbstsicherheit ausstrahlen, wenn Sie ihm die Decke über den Rücken werfen – selbst wenn Sie damit rechnen, dass es scheuen wird. Wenn die Decke dann auf dem Pferderücken liegt, ist die Geschichte noch lange nicht ausgestanden, denn der traumatischste Augenblick dieser Erfahrung ist für das Pferd der, in dem die Decke durch die Luft fliegt und auf seinem Rücken landet. Legen Sie sie also viele Male auf und nehmen sie wieder herunter, damit das Pferd merkt, dass seine vorweggenommene Angst viel schlimmer ist als die Realität.

Allein das Gewicht einer großen Neuseelanddecke reicht durchaus, um ein Pferd in Angst und Schrecken zu versetzen. Legen Sie daher die Decke zunächst nur im Stall auf, wo das Pferd nicht davonrennen und sich selbst in Angst versetzen kann, wenn es merkt, dass dieses Ding ihm folgt! Es ist für junge Pferde nicht ungewöhnlich, wie festgewurzelt auf der Stelle stehen zu bleiben, wenn sie zum ersten Mal eine Decke aufgelegt bekommen, weil sie fest davon überzeugt sind, dass sie sich nicht bewegen können. Wenn Sie das Pferd zum ersten Mal mit einer Decke hinauslassen, sollten Sie es auf einen ziemlich kleinen Auslauf stellen, damit Sie es einfangen und beruhigen können, falls es sich aufregt.

• • • AUF EINEN BLICK • • •

- *Früh anfangen ist alles – warten Sie mit der Gewöhnung an Sattel, Zaumzeug und andere Ausrüstungsgegenstände nicht, bis das Pferd drei Jahre alt ist.*
- *Führen Sie zuerst einen guten Join-up durch, damit das Pferd weiß, wohin es sich wenden muss, wenn es beruhigenden Zuspruch braucht.*
- *Lassen Sie das Pferd alle neuen Ausrüstungsgegenstände in Ruhe untersuchen.*
- *Vermeiden Sie es, sehr vorsichtig an das Pferd heranzugehen – das Pferd gewinnt an Selbstvertrauen, wenn Sie direkt an es herantreten.*
- *Machen Sie keinen Rückzieher beim Einführen neuer Ausrüstungsgegenstände, selbst wenn das Pferd etwas nervös aussieht. Es darf den Menschen nicht ›dazu erziehen‹, es in Ruhe zu lassen.*
- *Legen Sie neue Ausrüstungsgegenstände zum ersten Mal im Stall an und lassen Sie sie so lange am Pferd, bis es sich daran gewöhnt hat.*
- *Riskieren Sie nicht, dass der Sattel rutscht, sondern benutzen Sie immer ein Vorderzeug.*
- *Das Auftrensen und Satteln muss immer von beiden Seiten aus geübt werden.*
- *Bringen Sie dem Pferd bei, Gamaschen zu tragen, auch wenn es sie nicht braucht.*
- *Vergewissern Sie sich, dass das Pferd weder an den Zähnen noch am Rücken Schmerzen hat, bevor Sie es mit dem Gebiss oder dem Sattel bekannt machen. Schließlich wollen Sie nicht, dass es diese Dinge mit Schmerz in Verbindung bringt.*

Kapitel 7

An der Doppellonge (2 bis 3 Jahre)

Das Pferd mit allem vertraut zu machen, womit es später beim Geritten-Werden zurechtkommen muss, ist der Schlüssel dazu, Vertrauen aufzubauen und mögliche Probleme so gering wie möglich zu halten. Es gibt immer noch eine Menge, was man bei der Bodenarbeit tun kann, um das junge Pferd auf das folgende Anreiten vorzubereiten. Bisher war die Arbeit für das Pferd eher geistig stimulierend als körperlich anstrengend, und so sollte es auch bleiben, wenn es an jedem neuen Stadium seinen Spaß haben soll. Die Arbeit an der Doppellonge kann für ein weiter ausgebildetes Pferd körperlich anspruchsvoller gestaltet werden; für ein Jungpferd jedoch ist sie einfach Teil seiner Lernkurve, wenn auch ein sehr wichtiger Teil.

Langfristige Vorteile

Die Arbeit an der Doppellonge ist bei weitem die beste Möglichkeit, ein junges Pferd auf die Zügeleinwirkung am Gebiss vorzubereiten und ihm die grundlegenden Hilfen zum Langsamerwerden und für den Richtungswechsel beizubringen, bevor es zusätzlich mit dem Reitergewicht belastet wird. Für den Reiter mag es ja völlig klar sein, dass ein Ziehen am linken Zügel »Geh nach links« und ein Ziehen am rechten Zügel »Geh nach rechts« bedeutet, dem Pferd aber ist das sicher nicht klar! Ein Pferd bewegt seinen Körper nicht unbedingt in dieselbe Richtung, in die seine Nase zeigt, und der ungewohnte Druck des Metalls oder des Hartgummis in dem immer noch sehr empfindliche Maul kann es ziemlich aufregen – vor allem, wenn es diesen Druck dann zum ersten Mal spürt, wenn es auch noch erstmals einen Reiter tragen soll. Schließlich wollen Sie auf gar keinen Fall, dass das Pferd denkt, das Geritten-Werden sei eine unangenehme

Je stärker und unvernünftiger die Furcht des Pferdes vor den Leinen an seinen Beinen ist, desto öfter sollte man es damit konfrontieren, bis es lernt, dass dies nichts ist, wovor es Angst zu haben bräuchte. So haben Jungpferd und Mensch eine Sorge weniger, und das Pferd wird in Zukunft ein sichereres Reitpferd sein.

Angelegenheit. Also dürfen Sie immer nur einen Schritt nach dem anderen machen und sollten die Arbeit an der Doppellonge dazu nutzen, dem Pferd das Wenden und Anhalten beizubringen, noch bevor Sie aufsitzen. So verringern Sie das Risiko, dass beim eigentlichen Anreiten etwas schief geht.

Bei der Arbeit an der Doppellonge lernt das Pferd auch, Ausrüstungsteile zu akzeptieren, die an seinen Beinen und am Bauch herumflattern. All dies ist Teil des Prozesses, in dessen Verlauf ein Fluchttier lernt, weniger vorsichtig und empfindlich zu sein – und genau darum ging es ja bis jetzt in der gesamten Ausbildung. Machen Sie sich also keine Gedanken, wenn die Longen einmal zu weit durchhängen und die Beine des Pferdes berühren. Es muss lernen, damit klarzukommen, und je eher es dies lernt, desto besser. Tatsächlich ist dies die ideale Gelegenheit, um etwas, das wie ein Fehler aussieht, in eine wertvolle Lernerfahrung für das Pferd zu verwandeln, so dass die Wirkung des Ganzen eher positiv als negativ ist.

Wenn Sie sich ständig Sorgen darüber machen, wie das Pferd wohl reagieren wird, wenn es sich tatsächlich in den Longen verfangen sollte, dann

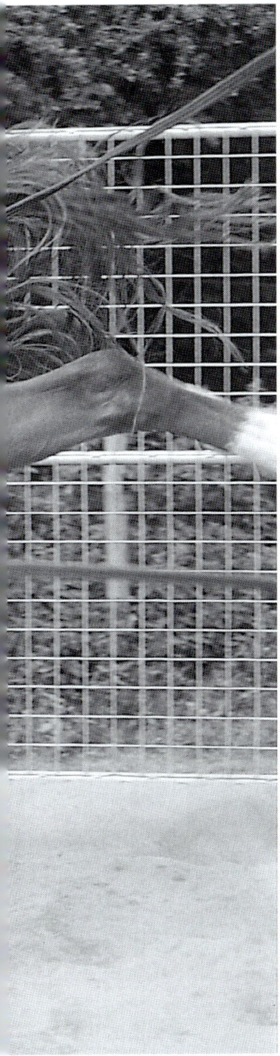

spürt das Pferd diese Besorgnis; es regt sich auf und wird sich dadurch in die Überzeugung hineinsteigern, dass seine Bedenken gerechtfertigt waren. Helfen Sie ihm also, sich mit seiner Angst auseinanderzusetzen, anstatt das Thema sorgfältig zu meiden. Wenn Sie sich mit dem Pferd in einem bekannten und sicheren Bereich befinden, lassen Sie die Longen ruhig absichtlich um die Beine des Pferdes hängen und sprechen dabei die ganze Zeit mit ihm. Anfangs wird ihm das Gefühl, irgendwelche Leinen rund um die Beine hängen zu haben, sicher gar nicht gefallen, aber wenn Sie Ihre Hausaufgaben gemacht und regelmäßig an seinen Beinen gearbeitet haben, wird ihm bald klar werden, dass auch das nur eine Variation über ein altbekanntes Thema ist.

Während Sie beide an der Doppellonge ihre Fortschritte machen, wird das Pferd sich angewöhnen, »nach hinten zu lauschen« und darüber nachzudenken, was hinter ihm vor sich geht. Das ist eine ausgezeichnete Vorbereitung auf das Tragen eines Reiters. Zwar benutzen Sie immer noch Ihre Stimme, um die Richtung anzugeben, aber gleichzeitig wird das Pferd anfangen müssen, seine Aufmerksamkeit von Ihnen auf das Gebiss zu übertragen und sich seine Anweisungen aus den Hilfen zu holen, anstatt nur auf Ihre Stimme oder Ihre Körpersprache zu achten. Durch die Longen, die an den Seiten des Pferdes anliegen, führen Sie außerdem das Konzept der Schenkelhilfe ein, so dass es dem Pferd leichter fallen wird, die ersten grundlegenden Hilfen seines Reiters zu akzeptieren und zu verstehen.

Warum nicht longieren?

Weniger erfahrene Pferdehalter neigen dazu, nicht mit einer Doppellonge zu arbeiten, weil sie Angst haben, Leinensalat zu produzieren. Viele bringen einem jungen Pferd statt dessen das Longieren bei. Das Longieren ist gut geeignet, wenn man ein Pferd bewegen will, und um sein Gleichgewicht zu verbessern und es den Gehorsam gegenüber Stimme und Peitsche zu lehren. Die Longe macht ein junges Pferd aber nicht mit dem so wichtigen Gefühl vertraut, dass am anderen Ende des Zügels die Menschenhand steht, und dass es deren Führung akzeptieren muss. Auch wird die Wirkung des äußeren Reiterschenkels nicht imitiert, wie bei der Arbeit an der Doppellonge.

Das Longieren eines Pferdes, mit dem man einen Join-up durchgeführt hat, bringt auch noch ein anderes wichtiges Problem mit sich: da hat man Wochen damit verbracht, dem Pferd beizubringen, dass es belohnt wird, wenn es anhält, sich zum Menschen hinwendet und schließlich zum Menschen kommt. Wenn man es aber longiert, wird es jedes Mal, wenn es versucht sich dem Menschen zu nähern, damit bestraft, dass man es mit der Peitsche wieder wegschickt! Das wird das Pferd unvermeidlich durcheinander bringen und den gelungenen Join-up wieder zunichte machen.

Bevor man anfängt...

Denken Sie daran, dass Sie alles Neue am Ende einer normalen Ausbildungsstunde einführen sollten, wenn das Pferd entspannt und selbstsicher ist und sich im »Lernmodus« befindet. Fangen Sie daher am besten da an, wo Sie aufgehört haben, indem Sie in einem Round Pen oder in einem anderen eingezäunten Bereich arbeiten und die Ausrüstung benutzen, mit der Sie das Pferd schließlich reiten wollen, also Trensenzäumung und Sattel. Es empfiehlt sich, das Pferd mit einem Sattel arbeiten zu lassen, bei dem man die Steigbügel herunterhängen lässt und sie so kurz verschnallt hat, dass sie gerade ein wenig unterhalb der Sattelblätter hängen. So gewöhnt das Pferd sich daran, dass die Steigbügel ihm gegen den Bauch baumeln, und wird dadurch weniger von den Beinen und Füßen des Reiters auf seinem Rücken überrascht werden, wenn es schließlich geritten wird.

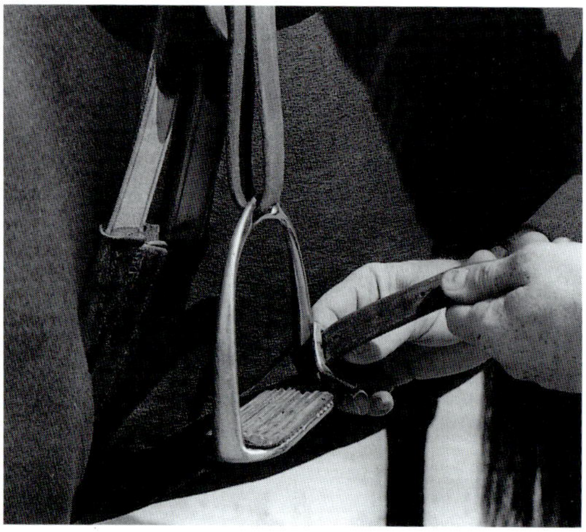

▲▼ ***Befestigen Sie die Steigbügel mit einem alten Steigbügelriemen, der unter dem Bauch des Pferdes verläuft (siehe Abbildungen). Die Doppellongen werden jeweils durch den Steigbügel und dann hoch zum Trensenring geführt, so dass sie nicht zu weit nach unten hängen können.***

Das Pferd ist bereits daran gewöhnt, sich von einem Druck auf die Nase leiten zu lassen, wie er vom Halfter ausgeübt wird. Es hat aber noch keinerlei Erfahrung mit Druck im Maul, auch wenn es sich bereits daran gewöhnt hat, ein Gebiss zu tragen. Diese Art von Druck muss es aber vor dem Anreiten akzeptieren. Ich arbeite nie an der Doppellonge, bevor ich nicht einen Join-up mit dem Pferd durchgeführt habe und es gelernt hat, den Instinkt zu überwinden, der ihm sagt, dass es sich in einen Druck hineinbewegen muss (siehe Kapitel 3). Deshalb bin ich der Meinung, dass es besser ist, die Longen direkt am Gebiss zu befestigen. Wenn dann irgend etwas passiert, weiß ich, dass das Pferd auf einen Druck reagieren und anhalten wird, um sich dann zu mir zu drehen. Weil es aber offensichtlich nicht wünschenswert ist, im Maul eines jungen Pferdes herumzuzerren oder es dort zu verletzen, können Sie anfangs die Longen auch an einem Kappzaum befestigen, falls Sie sich über die eigenen Fähigkeiten oder die Reaktion des Pferdes auf das Gebiss nicht ganz sicher sind. Eine weitere

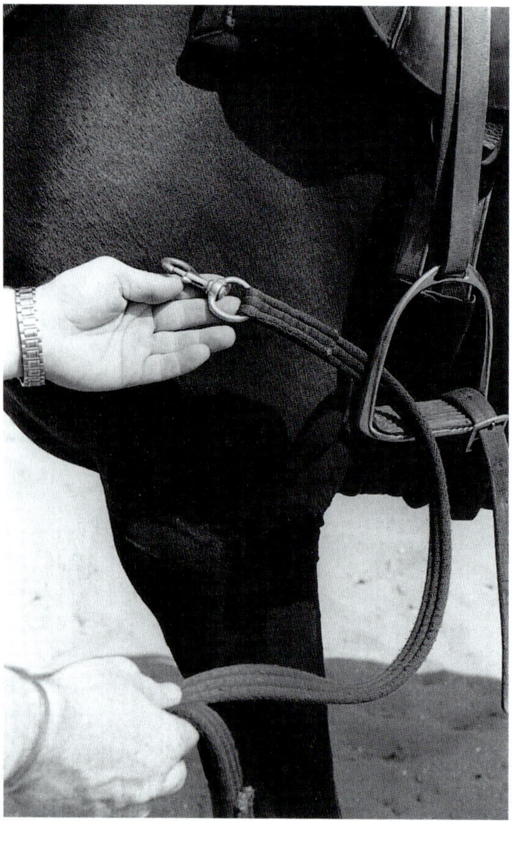

Möglichkeit besteht darin, die Longen auf beiden Seiten des Nasenstückes eines Stallhalfters einzuschnallen, wenn das Pferd richtig an Halfter und Geführt-Werden gewöhnt wurde (siehe Kapitel 3).

Erste Schritte an der Doppellonge

Bekanntmachen mit den Longen

Normalerweise ziehe ich es vor, allein mit dem Pferd auf der Basis eins zu eins zu arbeiten. Wenn man aber die Longen einführt, kann es nützlich sein, wenn man einen Helfer hat, der das Pferd beruhigt und führt, so dass Sie nicht zu viel Druck auf sein Maul ausüben müssen, bis es weiß, worum es geht.

Schnallen Sie eine Longe in den Trensenring der rechten Seite, führen sie durch den Steigbügel und dann quer über den Sattel auf die andere Seite. Fürs erste sollten Sie die Longe noch nicht hinter die Hinterhand des Pferdes bringen. Anfangs bleiben Sie auf Schulterhöhe des Pferdes, wo auch der Helfer stehen sollte, wenn Sie einen haben. Die zweite Longe wird auf dieselbe Art auf der linken Pferdeseite befestigt; legen Sie sie aber nicht quer über den Sattel, sondern halten sie nach dem Durchfädeln durch den Steigbügel in der Hand.

Fordern Sie das Pferd nun dazu auf, im Schritt vorwärts zu gehen, wobei Sie auf seiner Schulterhöhe bleiben und die Longen aufgerollt in der Hand halten, so dass sie nicht länger sind als normale Zügel. Beginnen Sie ganz allmählich mit den Longen einen leichten Kontakt zum Pferdemaul aufzunehmen. Wenn das Pferd damit einverstanden ist, können Sie allmählich einen immer größe-

Bei einem Pferd, das dem Menschen vertraut, ist Festhalten selbst dann unnötig, wenn man es in einem nicht eingezäunten Bereich an der Doppellonge arbeitet.

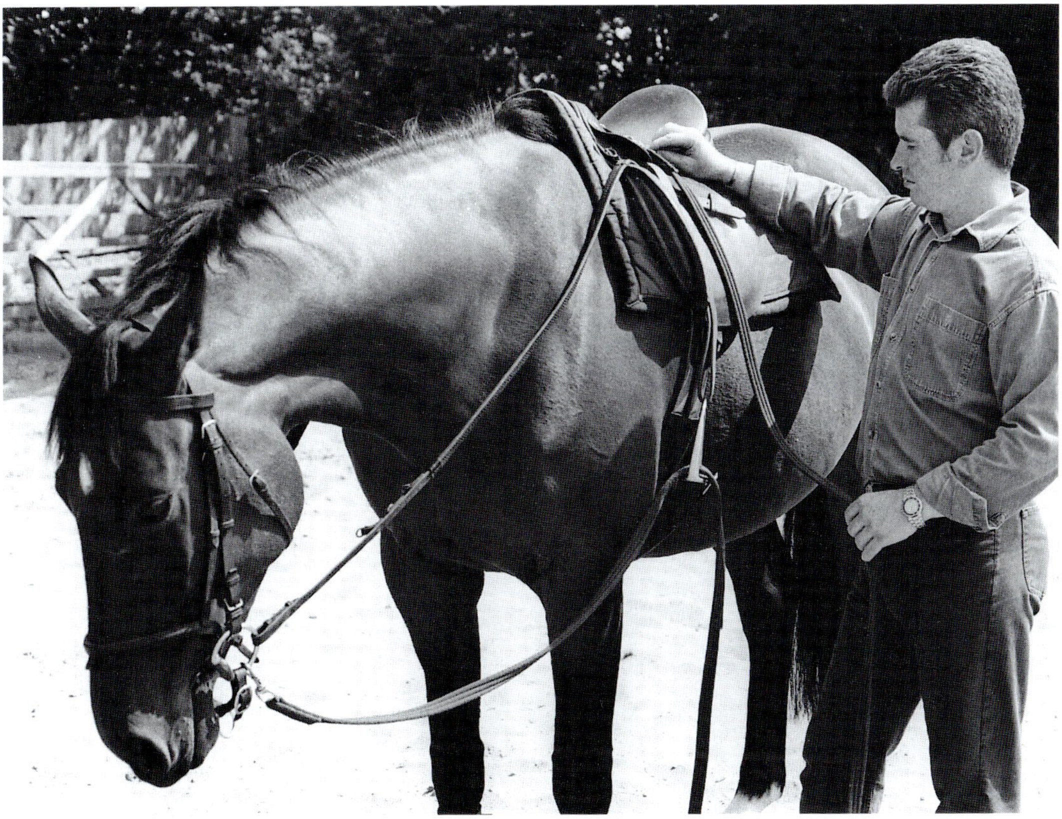

ren Abstand zwischen sich und dem Pferd lassen. Anfangs wird es nicht verstehen, warum es auf der rechten Seite etwas spürt, obwohl Sie ja deutlich sichtbar auf seiner linken Seite gehen. Wenn es das gelassen hinnimmt, können Sie den Abstand zwischen sich und dem Pferd vergrößern, sollten dabei aber immer noch neben ihm bleiben, damit es Sie sehen kann.

Lassen Sie die äußere Longe zunächst über dem Sattel liegen, anstatt sie um die Hinterhand des Pferdes zu legen, und fordern Sie es zum Halten auf, wobei Sie das normale Kommando benutzen und zusätzlich leichten Druck auf die Zügel geben. Der Helfer kann sich dabei vor das Pferd stellen, um das Kommando zu verstärken und dem Pferd so offensichtlich wie möglich zu zeigen, was von ihm verlangt wird. Lassen Sie in dem Augenblick, in dem es stehen bleibt, den Druck auf die Zügel sofort weg und loben Sie es überschwenglich. Dann fordern Sie das Pferd erneut zum Losgehen und Anhalten auf und wiederholen diesen Vorgang mehrmals. Je öfter Sie dies tun, desto weniger Betonung sollten Sie auf die Körpersprache und desto mehr auf die Zügelhilfe legen. Sobald das Pferd anfängt, seine Aufmerksamkeit von Ihnen auf das Gebiss zu verlagern, wechseln Sie die Richtung und versuchen das Ganze auf der anderen Hand.

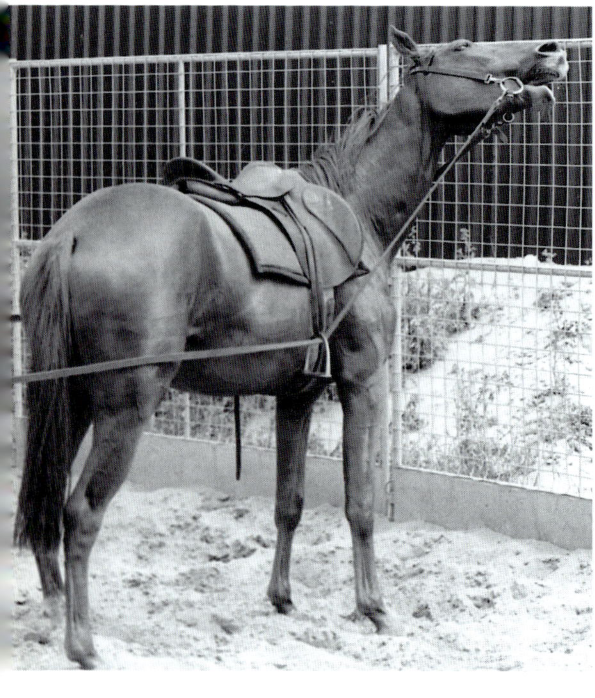

Stimme und Körpersprache werden bei der Kommunikation mit dem Pferd helfen, bis es sich daran gewöhnt hat, seine Anweisungen von den Longen zu bekommen. Bedenken Sie, dass das Pferd seine beiden Körperseiten unterschiedlich wahrnimmt und es ihm wirklich schwer fällt, etwas, was es auf der einen Seite gelernt hat, auf die andere Seite zu übertragen. Sie dürfen sich also nicht frustrieren lassen, wenn Sie das Gefühl bekommen, das Pferd würde sich auf einer Hand gezielt dümmer anstellen, sondern sollten in aller Ruhe und mit viel Geduld weiter arbeiten, bis der Widerstand überwunden ist.

Erwarten Sie keine Perfektion – sobald das Pferd auf beiden Händen so ungefähr begriffen hat, wie das mit dem Losgehen und dem Anhalten geht, hat es für diesen Tag genug getan.

Beenden der Arbeit

Wenn das Pferd angehalten hat, rollen Sie die Longen auf und gehen dabei zum Kopf des Pferdes. Bei einem älteren Pferd, das an die Arbeit an der Doppellonge gewöhnt ist, lege ich die Longen einfach auf den Boden, gehe zum Pferd hin und schnalle sie dort aus. Das ist vielleicht nicht üblich, aber wenn man alle bisher beschriebenen Stufen mit dem Pferd durchlaufen hat, um sich seinen Respekt zu sichern und seinen Fluchtinstinkt zu überwinden, sollte es selbst dann nicht in Panik geraten, wenn es einmal einen Schritt macht und die Longen an den Beinen spürt. Bei solchen Gelegenheiten ernten Sie die Früchte der Stunden, die Sie damit verbracht haben, sich das Vertrauen des Pferdes zu erarbeiten, seine verletzlichen Bereiche zu berühren und seine Selbstsicherheit aufzubauen. Bei einer Krise besteht die erste Reaktion eines Pferdes, das sich im Join-up einem Menschen angeschlossen hat, nicht darin, in Panik zu geraten und zu versuchen, wegzurennen, sondern darin, dass es anhält und darauf wartet, dass der Mensch die Dinge in Ordnung bringen wird.

Es ist ziemlich normal, dass ein Pferd die Zunge herausstreckt und Grimassen schneidet, wenn es den ungewohnten Druck auf dem Gebiss spürt. Anstatt immer stärker zu ziehen, sollten Sie darauf achten, weiterhin deutliche Körpersprache und ein bekanntes Stimmkommando zu verwenden, damit das Pferd versteht, was Sie von ihm wollen.

Bei einem Pferd, das die Arbeit an der Doppellonge schon gewohnt ist, legt man die Longen auf den Boden und geht zu seinem Kopf, um ihm zu zeigen, dass der Unterricht vorbei ist.

Die ersten Lektionen

Die zweite Doppellongen-Stunden sollten Sie bald nach der ersten durchführen – idealerweise am nächsten oder sogar noch am selben Tag. Am besten bringen Sie dazu das Pferd auf einen eingezäunten Platz und beginnen mit der üblichen Schulungsroutine im Freilaufen. Danach werden die Longen eingeschnallt und wie beim ersten Mal »Anhalten und Losgehen« geübt. Wenn das Pferd damit gut zurechtkommt und Sie keinen Helfer mehr brauchen, lassen Sie sich weiter und weiter zur Hinterhand des Pferdes zurückfallen. Dabei nehmen Sie die äußere Longe mit zurück, so dass sie schließlich nicht mehr über dem Sattel, sondern über der Kruppe des Pferdes liegt. Aus dieser Position sollte es nicht schwierig sein, die äußere Longe um die Hinterhand des Pferdes herumzuführen. Dabei sollten Sie ausreichend weit weg und immer

Lassen Sie die Longen langsam über die Hinterhand des Pferdes heruntergleiten; die Pferdeohren zeigen an, wie stark es sich konzentriert und worauf es seine Aufmerksamkeit richtet.

noch leicht seitlich stehen, so dass Sie außer Reichweite bleiben, falls das Pferd doch einmal ausschlagen sollte.

Lassen Sie das Pferd weiterhin losgehen und anhalten, wobei die Longen allmählich immer länger werden, bis Sie schließlich eine ganze Longenlänge Abstand vom Pferd haben und in der Mitte eines Kreises stehen, auf dessen Umfang das Pferd geht, wie es das auch beim Longieren tun würde. Nun sollten Sie es auffordern, zu traben; erlauben Sie ihm auch, zu galoppieren, wenn es das von selbst anbietet. Dabei können Sie die Stimme, die Körpersprache und ein kurzes Wedeln mit dem äußeren Zügel, der ja an der Hinterhand anliegt, kombinieren, um es zum Vorwärtsgehen zu ermuntern. Denken Sie daran denken, dass Sie mit das Pferd mit Ihrer eigenen Körperposition beeinflussen, wie bei der Arbeit im Freilaufen – achten sie darauf, es nicht unabsichtlich zu ›blockieren‹, indem Sie vor seine Sichtlinie kommen.

▲ ***Lassen Sie sich Zeit damit, die Longen hinter der Hinterhand des Pferdes herumzuführen – es kann davor große Angst haben.***

▼ ***Die Arbeit an der Doppellonge ermuntert das Pferd zur Selbsthaltung und lehrt es Gleichgewicht, und das alles ohne Behinderung durch einen Reiter.***

In einem Round Pen oder auf einem eingezäunten Reitplatz wird das Pferd sich mehr von der Einzäunung und der Spur seines Zirkels im Sand leiten lassen als von den Zügelhilfen, so dass das Leben für Mensch und Pferd einfacher wird. Üben Sie weiterhin die Übergänge zwischen Halten, Schritt, Trab und Galopp und benutzen Sie dazu zunächst Körpersprache und Stimme, wobei Sie aber die Betonung allmählich auf die Zügelhilfen verlagern, bis das Pferd mehr Aufmerksamkeit auf das Gefühl der Zügel am Gebiss

Rechts und unten: Das Fahren vom Boden, bei dem man hinter dem Pferd geht, ist eine klassischere Position für die Arbeit mit der Doppellonge, aus der man feinere und genauere Zügelhilfen geben kann. Aus dieser Position heraus bringt man dem Pferd Wendungen bei, weil man so leicht um seine Hinterhand herumtreten und die Seite wechseln kann. Der innere Zügel wird dadurch automatisch zum äußeren, so dass man das Pferd nun in die neue Richtung schicken kann.

richtet als auf die Person in der Mitte. Achten Sie darauf, beide Longen ziemlich locker zu halten – allein schon das Gewicht der Leinen sollte zur Führung des Pferdes ausreichen, ohne dass Sie noch daran zu ziehen brauchen.

Fahren vom Boden

Während das Pferd steht oder im Schritt geht, können Sie Ihre Position in der Mitte des Zirkels verlassen und sich allmählich weiter hinter das Pferd fallen lassen. So kann das Pferd Sie weniger deutlich sehen und muss auf die Richtungsanweisungen reagieren, die es über die Longen von hinten bekommt. Am besten wechselt Sie Ihre Position während der Arbeit ab und zu, so dass Sie einmal in der Mitte des Zirkels stehen und dann wieder hinter dem Pferd gehen – letzteres wird auf Schritt und ein wenig Trab beschränkt sein, wenn Sie nicht gerade ein sehr sportlicher Läufer sind!

Tipps für den Handwechsel

Wenn Sie dem Pferd mitteilen, dass Sie einen Handwechsel von ihm erwarten, müssen Sie darauf achten, dass es nicht versucht, in die falsche Richtung zu gehen. Wenn das Pferd durch einen Join-up geprägt ist, kann es sein, dass es versucht, den Kopf zu Ihnen hin und die Hinterhand von Ihnen weg zu bringen, anstatt auf der Hinterhand zu drehen. Das klappt ja vielleicht, wenn es frei läuft, wenn es aber die Longen trägt, würde es so ein Durcheinander geben. Hier heißt es schön langsam vorgehen und das Pferd mit Hilfe der Longen ermuntern, sich in die richtige Richtung zu drehen.

Zum Einleiten eines Handwechsels nehmen Sie am äußeren Zügel Anlehnung auf und lassen den inneren Zügel locker. Blockieren Sie das Pferd mittels Ihrer Körpersprache, indem Sie vor seine Sichtlinie treten. Danach lassen Sie sich wieder auf Höhe seines Beckens zurückfallen und treiben es von hinten an. Nehmen Sie ruhig die Einzäunung des Platzes zu Hilfe. Eine solche Wendung sollten Sie auf der offenen Zirkelseite erst dann versuchen, wenn das Pferd verstanden hat, was Sie von ihm wollen.

Ich habe immer wieder festgestellt, dass ein Pferd sehr schnell zwischen der Arbeit an der Doppellonge und der Arbeit im Freilaufen zu unterscheiden lernt. Für die Dauer der Longenstunde kann das Pferd den Join-up-Aspekt der Beziehung »auf Eis legen«, denn normalerweise würde es aufgrund des Join-up ja ständig stehen bleiben und den Kopf in Richtung des Menschen drehen. Die Vorbereitungen mit Aufsatteln, Aufzäumen und Einschnallen der Longen sind für das Pferd so ähnlich, als würde es seine Aktentasche nehmen und seinen Hut aufsetzen, um zur Arbeit zu gehen – das sind andere Rahmenbedingungen als beim Join-up, und es bekommt andere Signale von Ihnen.

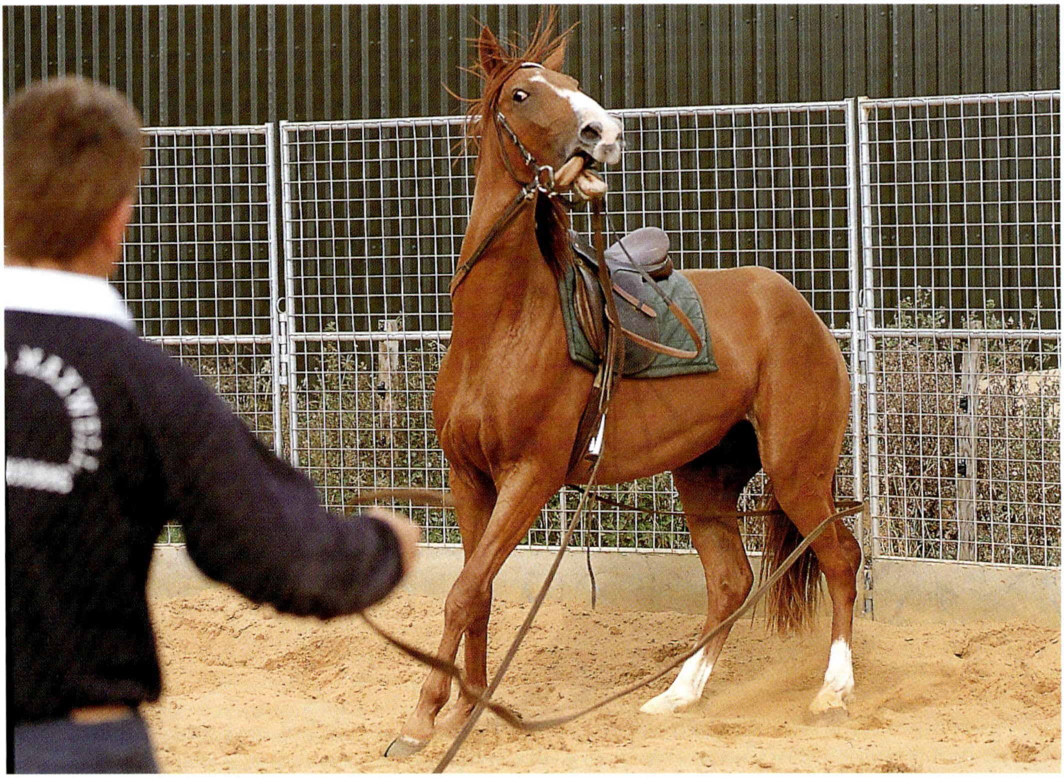

Dieses Pferd versucht, einer ungewohnten Situation auszuweichen, indem es wie beim Join-up zu mir kommt. Dafür darf es nicht bestraft werden – es muss in aller Ruhe wieder an die Arbeit geschickt werden.

Der Umgang mit Problemen

Die Furcht vor dem Unbekannten ist groß, und Jungpferde müssen sich Zeit lassen dürfen und genügend Platz haben, so dass sie ihren Gefühlen Ausdruck verleihen und sich neue Ausrüstung gründlich ansehen können. Sie wollen vielleicht auch einmal nach den Longen ausschlagen oder buckeln, wenn sie diese Dinger an den Seiten spüren, und es ist wichtig, dass Sie diese völlig natürlichen Reaktionen nicht unterdrücken oder Ihrerseits in Panik geraten, weil da etwas schief zu laufen scheint. Wie wir ja durch unsere bisherige Beziehung mit dem Pferd bereits bemerkt haben, bringt man einem Pferd am besten bei, dass es keine Angst zu haben braucht, indem man es das selbst herausfinden lässt. Wenn ein Pferd wirklich Angst zu haben scheint, anstatt nur von Natur aus ein wenig nervös zu sein, dann hat der Mensch etwas falsch gemacht. Vielleicht gehen Sie für dieses Tier zu schnell vor oder haben in anderen Ausbildungsbereichen Raum für Zweifel gelassen; dann müssen Sie einen Schritt weiter hinten noch einmal anfangen.

Wenn ein Pferd sich aus irgendwelchen Gründen heftig sträubt oder wenn Sie beim Arbeiten mit der Doppellonge auf unvorhergesehene Probleme stoßen, lassen Sie die äußere Longe fallen und benutzen die innere Longe, um das Pferd zu sich hinzuwenden – wozu ein Pferd, das den Join-up kennt, ohnehin neigen wird. Gehen Sie zu ihm hin, kraulen es zwischen den Augen und sprechen Sie mit ihm, bis es ruhiger wird und wieder auf Ihre beruhigende Anwesenheit reagiert.

Inzwischen sollte das Pferd eindeutig verstanden haben, dass Sie die Komfortzone sind. Es ist ein sehr guter Ansatz, die Prinzipien, die beim Join-up im Round Pen festgelegt wurden (siehe Kapitel 4), auch dazu zu benutzen, eine potentiell schwierige Situation zu entschärfen. Aber: Sie dürfen das Pferd nur dann loben, belohnen oder beruhigen, *wenn es das braucht oder verdient hat.* Denken Sie

daran, dass die Belohnung ja schon darin liegt, dass das Pferd mit der Arbeit aufhören und zu Ihnen kommen darf. Wenn Sie das Pferd jedesmal loben, wenn Sie mit einem Problem rechnen, anstatt dann, wenn es sich gut benommen hat, oder wenn Sie Lob regelmäßig benutzen, um ein Pferd zu beruhigen, das sich aufführt, dann dulden Sie im Grunde Negatives, anstatt Positives zu belohnen.

Die Arbeit über Stangen

Sobald das Pferd die Grundregeln der Arbeit an der Doppellonge verstanden hat, können Sie mit der Arbeit über Stangen anfangen. Wenn Sie das Pferd an der Doppellonge – sozusagen am langen Zügel – über und um Stangen am Boden herum arbeiten, bekommt die Ausbildung eine Facette mehr und dem Ausbildungs-Puzzle wird ein weiteres Teil hinzugefügt. Fangen Sie damit an, dass Sie das Pferd über und rund um eine einzige Stange arbeiten und dann noch zwei oder drei dazulegen, so dass es über eine ganze Reihe von Stangen und dann auch zwischen allen Stangen hindurchgehen muss. Dadurch muss das Pferd sich nicht nur auf etwas anderes konzentrieren, sondern auch genau hinschauen, wo es die Füße hinsetzt, die Richtungsanweisungen hauptsächlich von den Zügeln nehmen und selbst über unbekanntes Terrain vorwärts gehen, ohne dass Sie auf gleicher Höhe mitgehen.

Diese junge Stute trägt zum ersten Mal einen Longiergurt und reagiert wie erwartet. Die Longe ist zwar eingeschnallt, hindert das Pferd aber nicht daran, seinen Gefühlen Ausdruck zu verleihen.

Ein Pferd ist zwar ohne weiteres in der Lage, über Stangen zu treten, aber dass es das ganz allein tun soll, ist psychisch eine ziemliche Hürde. Plötzlich ist die Sache mit dem langen Zügel gar nicht mehr so einfach! Wenn das Pferd anhalten und die Stangen beschnuppern will, lassen Sie es gewähren, aber es sollte nach Möglichkeit nicht rückwärts von den Stangen zurückweichen. Der einzige Ausweg aus dieser Situation führt vorwärts über die Stangen, und Sie sollten sich so verhalten, als ob es wirklich keine andere Möglichkeit gäbe.

Es ist erstaunlich, wie schlecht koordiniert junge Pferde sein können. Viele wissen nicht einmal,

Die Arbeit über und rund um Stangen ist interessant und verbessert die Koordination des Pferdes. Es ist sinnvoll, ein Pferd an der Hand an Stangen zu gewöhnen, bevor man sie in die Arbeit an der Doppellonge einbaut.

wo ihre Hinterbeine sind, und können etwas erschrecken, wenn sie an eine Stange stoßen oder darauf treten. Da heißt es, selbst ganz ruhig zu bleiben und das Pferd zu beruhigen, während es nachdenkt. Ich ziehe es vor, wenn die jungen Pferde dabei keine Gamaschen tragen, weil sie lernen müssen, wo ihre Beine sind, sie müssen die Stangen »fühlen« und aus Erfahrung lernen können. Sie sollten nur im Schritt arbeiten und sind in diesem Alter normalerweise nicht beschlagen, so dass es sehr unwahrscheinlich ist, dass sie zu Schaden kommen. Ich denke, dass das Tragen von Gamaschen hierbei mehr Nachteile als Vorteile hat.

Draußen vor der Tür

Während Sie Ihr Pferd an der Doppellonge arbeiten und beobachten, wie es sich dabei anstellt, erhalten Sie nützliche Hinweise, welche Art von Reitpferd es einmal werden wird. Inzwischen sollte erkennbar sein, ob es die linke oder die rechte Seite bevorzugt, welche Gangart ihm am liebsten ist, wie neugierig oder vorsichtig es von Natur aus ist, und wie leicht es ihm fällt, neue Dinge zu akzeptieren oder sich an bestimmte Situationen anzupassen.

Pferde können Lektionen, die sie in der Bodenarbeit gelernt haben, sehr gut auf die Arbeit unter dem Reiter übertragen. Jetzt nähert sich mit Riesenschritten der Tag, an dem das junge Pferd mit einem Reiter den Übungsplatz verlassen wird. Vorbereitung ist alles, und es ist auch nicht fair, das Pferd immer innerhalb der sicheren Begrenzungen von Reitplatz oder Halle zu halten. Wenn man geeignete ruhige Straßen oder einen betriebsamen Bauernhof in der Nähe kennt, kann man versuchen, das Pferd an der Doppellonge an so vielen Hindernissen vorbeizuführen wie möglich, so dass es schon einiges von der gefährlichen Welt da draußen gesehen hat. Wenn es zögert, kann man es mit Hilfe der Stimme und der gegen seine Seiten schnalzenden Longen zum Weitergehen ermuntern. So versteht es später auch die Schenkelhilfen des Reiters besser. Außerdem wird damit die Botschaft verstärkt, dass man zwar nichts dagegen hat, wenn das Pferd sich eine Situation ansieht und abschätzt, dass aber Zurückweichen oder Verweigern als Option nicht zur Verfügung stehen, sobald der Mensch das Pferd aufgefordert hat, etwas zu tun.

• • • AUF EINEN BLICK • • •

- *Führen Sie die ersten Lektionen an der Doppellonge immer auf einem kleinen, eingezäunten Platz durch.*
- *Benutzen Sie dazu die Ausrüstung, mit der das Pferd später auch geritten werden wird, und stellen Sie sicher, dass das Pferd sich damit wohl fühlt.*
- *Wenn das Pferd nicht beschlagen ist, ist es besser, ihm keine Gamaschen anzulegen, damit es sich an das Gefühl gewöhnt, dass die Longen seine Beine berühren.*
- *Reißen sie das Pferd niemals im Maul – das Gewicht der leicht durchhängenden Longe sollte zur Führung ausreichen.*
- *Wenn Sie sich nicht sicher sind, wie das Pferd auf ein Gebiss reagieren wird, befestigen Sie die Longen bei der Arbeit an der Doppellonge zunächst am Stallhalfter.*
- *Das Pferd darf das Tempo vorgeben. Es ist völlig in Ordnung, dass das Pferd an der Doppellonge auch einmal kurze Zeit galoppiert, wenn es sich dabei wohl fühlt.*
- *Das Pferd muss seinen Gefühlen Ausdruck verleihen dürfen. Es ist kein Grund zur Panik, wenn das Pferd anfangs nach den Longen ausschlägt.*
- *Erwarten Sie nach einer Stunde noch keine Perfektion. Sobald das Pferd einmal verstanden hat, dass es ums Anhalten und Wenden geht, reicht das wahrscheinlich für den ersten Tag aus.*
- *Vermeiden Sie es, die Vorwärtsbewegung des Pferdes durch unbeabsichtigte Körpersprache zu blockieren.*
- *Das Pferd hat noch Gleichgewichts- und Koordinationsschwierigkeiten, die berücksichtigt werden müssen. Wendungen und Arbeit über Stangen sollten deswegen in ruhigem Tempo durchgeführt werden.*
- *Die Arbeit an der Doppellonge ist eine gute Gelegenheit, um wertvolle Informationen über die Arbeitshaltung, die Stärken und die Schwächen des zukünftigen Reitpferdes zu sammeln.*

Kapitel 8

Aufsitzen und Losreiten (3 Jahre und älter)

Wenn Vertrauen und Einvernehmen zwischen Mensch und Pferd so gut sind, wie sie es in diesem Stadium sein sollten, sollten Sie sich jetzt darauf freuen, Ihr Pferd endlich reiten zu können! Es ist absolut angebracht, dass in diesem Buch dem eigentlichen Anreiten nur ein einziges Kapitel gewidmet ist. Der Grund dafür liegt darin, dass die Vorbereitung das Wichtigste ist. Wenn dabei alles gut beachtet wird, ist das eigentliche Anreiten einfach!

Oft ist es der Reiter und nicht das Pferd, der dem ersten Anreiten mit gewissen Beklemmungen entgegensieht. Zum ersten Mal auf ein junges Pferd aufzusteigen, ist jedoch bei weitem keine so traumatische Erfahrung, wie man es oft geschildert bekommt. Wenn das Pferd entsprechend vorbereitet wurde, gibt es dabei keine dramatischen Szenen und kein Rodeo. Es ist dann lediglich das nächste Teil des Puzzles, und das Pferd sollte ganz begierig darauf sein, herauszubekommen, wo dieses Teil hingehört. Das Pferd ist ja bereits teilweise eingeritten, wenn es problemlos all die Ausrüstungsgegenstände trägt, die es zum Geritten-Werden braucht, und wenn es gehorsam auf die Kommandos zum Halten, Losgehen und Wenden reagiert. Es hat nur noch nie einen Menschen auf dem Rücken getragen.

Die bisherigen Lektionen müssen gründlich und logisch aufgebaut gewesen sein, und man sollte sich sicher sein, dass das Pferd jede Stufe verstanden hat, bevor man zur nächsten übergeht. Wenn man es bis zu dieser Stufe vernünftig vorbereitet hat, sollte man auch davon überzeugt sein, dass es das Aufsitzen problemlos hinnehmen wird. Hat man diesbezüglich Zweifel, kann das ein Zeichen dafür sein, dass entweder der Mensch oder das Pferd noch nicht bereit sind. Man darf nicht vergessen, dass ein Pferd, auf dem noch nie ein Mensch gesessen hat, auch noch keine negativen Vorstellungen damit verbindet, einen Menschen auf dem Rücken zu haben. Wenn all seine bisherigen Lernerfahrungen positiv verlaufen sind, warum sollte es dann jetzt anders sein? Für das Pferd ist dies nur seine Arbeit, bei der diesmal eine neue Variante dazukommt.

Vorbereitungen für das Einreiten

Der richtige Zeitpunkt

Das »richtige« Alter für das erste Einreiten wird immer noch debattiert. Vollblüter sind frühreifer als einige der schwereren Rassen, Rennpferde werden als Jährlinge eingeritten – aber es ist üblicher, Pferde mit drei oder vier Jahren einzureiten.

Tatsächlich ist das Skelett des Pferdes erst mit sechs Jahren stabil genug, um »richtige« Arbeit auszuhalten. Bis dahin befasst man sich mehr mit seinen geistigen als seinen körperlichen Fähigkeiten. Deswegen ist es auch durchaus berechtigt, Standard-Zeitangaben zu ignorieren und so vorzugehen, wie es einem richtig erscheint. Ich habe schon oft festgestellt, dass wirklich intelligente junge Pferde geistig stark stimuliert werden müssen, damit sie sich keinen Blödsinn angewöhnen. Je eher solche Pferde angeritten werden, desto besser, weil sie dann über etwas Konstruktives nachdenken können! Besonders Junghengste fallen oft in diese Kategorie. Andererseits kann ein nervöses oder ›zurückgebliebenes‹ Jungpferd davon profitieren, wenn man es ein wenig länger in Ruhe lässt, damit es Vertrauen zu sich selbst und seinem Menschen gewinnen kann. Es wäre sehr schade, wenn man es in diesem Stadium zu einem Missverständnis kommen ließe. Ein noch nicht eingerittenes Pferd hat keinen Grund, etwas gegen einen Reiter zu haben – warum sollte man ihm also einen Anlass dafür liefern?

In diesem Stadium sollte das Pferd es zulassen, dass man jeden seiner Körperteile berührt. Es sollte gute Manieren haben, auf die Wünsche des Menschen achten und den Menschen und dessen Individualbereich respektieren; es sollte an der Doppellonge halten, wieder loslaufen und sich lenken lassen, und es sollte an der Hand schon Straßenverkehr und alle möglichen Alltagsgefahren kennen gelernt haben. Wenn es all das schon hinter sich hat, dann fehlt nur noch der Reiter!

Der richtige Ort

Es ist nicht unüblich, das erste Mal in der Box aufzusitzen. Dies scheint mehr der Beruhigung des Reiters als der des Pferdes zu dienen, und ich halte es nicht für eine gute Idee. Wenn Sie einem Kind etwas Wichtiges beibringen wollen, wird es sich wahrscheinlich im Klassenzimmer besser konzentrieren und zuhören als auf dem Spielplatz – also sollten Sie das Pferd zum Einreiten dorthin bringen, wo Sie normalerweise mit ihm arbeiten. Das ist der Ort, den es mit Zuhören und Lernen verbindet, und das Aufsitzen ist ja schließlich auch nur eine Lektion von vielen. Bedenken Sie außerdem, dass im Stall kein Platz zum Ausweichen ist, falls das Pferd heftig reagieren sollte, und das könnte gefährlich werden.

Noch dazu ist die Box das Territorium des Pferdes, das von ihm als Ort der Ruhe und Entspannung gesehen wird, und nicht als Arbeitsplatz. Denken Sie daran, welche Rolle die Entscheidungsfreiheit in Ihrer bisherigen Beziehung zum Pferd gespielt hat: das Pferd konnte immer weglaufen, wenn es sich nicht sicher war, doch es ist bei Ihnen geblieben, weil es das wollte, und nicht, weil es nicht anders konnte. Auch dies gehört zum Lernvorgang, ist aber nur möglich, wenn genügend Platz vorhanden ist, und das ist dann auch sicherer für den Reiter, als wenn er mit einem in Panik geratenen Jungpferd in einer Box von 4 x 4 Metern Größe eingesperrt ist.

Es geht los!

Auf dieser Stufe der Pferdeausbildung müssen sie unbedingt davon überzeugt sein, dass Sie sich beide gründlich mit allem befasst haben, was auf dem Lehrplan stand, und dass Sie dem Pferd keine Frage stellen werden, auf die es keine Antwort weiß. Wie bei jeder Prüfung brauchen Sie sich umso weniger Sorgen zu machen, je besser Sie sich vorbereitet haben. Was ein Pferd beim ersten Aufsitzen erschreckt, ist mangelndes Verständnis und die Angst vor dem Unbekannten, nicht die Tatsache, dass es zum ersten Mal das Gewicht eines Reiters trägt.

Das erste Aufsitzen ist in jeder Hinsicht eine ganz normale Unterrichtsstunde. Arbeiten Sie mit dem Pferd im Round Pen, um es an das Gefühl von Gebiss und Sattel zu erinnern, nehmen Sie es dann kurz an die Doppellonge, um noch einmal die Lektionen zum Halten und Wenden mit ihm durchzugehen. Dabei gilt es, sicherzustellen, dass die Aufmerksamkeit des Pferdes auf Sie gerichtet ist und dass es auf Ihre Körpersprache eingestellt ist. Ein Vorderzeug ist immer nützlich, um den Sattel vor dem Zurückrutschen zu bewahren und so zu vermeiden, dass das Pferd in einem kritischen Augenblick noch aufgeregter wird. Außerdem bietet es dem Reiter einen Halsriemen, an dem er sich festhalten kann – natürlich nicht, weil er auf Probleme eingestellt ist, sondern weil ihm das hilft, die Balance zu halten, während das Pferd sein eigenes Gleichgewicht sucht. Noch dazu ist es nützlich, am Halsriemen zu ziehen, wenn das Pferd in eine niedrigere Gangart übergehen soll; der Druck auf die Luftröhre führt dazu, dass es ohnehin langsamer wird, und dies hilft ihm zu verstehen, was der Reiter von ihm will – mit einem Minimum an Druck im Maul. Reduzieren Sie das Risiko, dass etwas schief geht, noch mehr, indem Sie vor Beginn des spannenden Teils überprüften, ob der Gurt auch wirklich fest sitzt und die Steigbügel die richtige Länge haben.

Wenn das Pferd nicht richtig aufpasst, oder wenn das Ganze heute aus irgendwelchen Gründen nicht besonders gut zu klappen scheint – vielleicht ist es windig, oder sein Freund wird gerade in die andere Richtung vom Hof geritten, oder es ist schon sehr spät – dann sollten Sie sich einen anderen Tag aussuchen. Natürlich dürfen Sie nicht immer irgendwelche Entschuldigungen für das Pferd suchen oder jedesmal warten, bis alle Bedingungen perfekt sind, wenn Sie es einmal reiten wollen. Schließlich muss das Pferd ja lernen, dass es sich völlig unabhängig von den Umständen konzentrieren und tun muss, zu was sein Reiter es auffordert. Das erste Aufsitzen ist aber nicht unbedingt der richtige Zeitpunkt, um sich durchzusetzen, und es wäre ein Fehler, aus dem Gefühl heraus aufzusteigen, dass das jetzt sein muss, und dabei mit grimmiger Entschlossenheit ans Werk zu gehen.

Einen Helfer hinzuziehen

Beim ersten Aufsitzen ist die Person auf dem Boden wichtiger als der Reiter, der aufsteigen soll. Selbst wenn es Sie brennend danach verlangt, als Erster auf dem eigenen Pferd zu sitzen, braucht das Pferd die Hilfe und Beruhigung durch seinen vertrauten Menschen am Boden, wo es ihn sehen kann. Wenn der Reiter relativ leicht, selbstsicher und gut im Gleichgewicht ist, ist es eigentlich egal, wen Sie sich aussuchen, weil das Pferd den Reiter nur als ungewohntes Gewicht auf seinem Rücken wahrnehmen wird und nicht als Person.

Wenn das Pferd wie üblich und in voller Ausrüstung gearbeitet hat, laden Sie es ein, wieder in die Mitte des Zirkels zu kommen und bleiben an seinem Kopf stehen, während der Reiter sich zum Aufsitzen fertig macht.

Am einfachsten ist es, den Reiter am Bein »hinaufzuwerfen«, aber auch dabei muss gewährleistet sein, dass Ausbilder und Reiter dies vorher zusammen geübt haben. Jetzt ist nicht der richtige Zeitpunkt, um dabei etwas falsch zu machen und den Reiter in einem unsortierten Haufen auf den Pferderücken zu katapultieren! Der Reiter sollte anfangs auf dem Bauch quer über dem Sattel liegen und mit einem gestreckten Arm die gegenüberliegende Seite des Pferdes klopfen. Es ist wichtig, diese Übung etwas in die Länge zu ziehen, weil dies das erste Mal ist, dass das Pferd mit der Tatsache konfrontiert wird, dass derselbe Mensch gleichzeitig auf beiden Seiten seines Körpers auftauchen kann. Der Ausbilder muss dabei ständig beruhigend mit dem Pferd sprechen und ihm klarmachen, dass das Ganze ja tatsächlich etwas komisch aussieht, es sich aber bei dem Ding da oben wirklich um einen Menschen handelt und nicht um einen pferdefressenden Löwen!

Der Reiter kann sich nun ein wenig weiter auf den Rücken des Pferdes schieben, so dass er sich weit genug nach vorn strecken kann, um es an den Schultern zu klopfen. Es ist wichtig, dass das Pferd sieht, wie der Reiter sich über ihm und an seinen beiden Körperseiten bewegt. Dieses »Hinaufwerfen« des Reiters und das Hinüberlehnen auf die andere Seite sollte mehrmals wiederholt werden, und zwar von beiden Seiten.

Das Pferd nur leicht halten

Der Ausbilder sollte ständig beruhigend mit dem Pferd sprechen; es ist jedoch ein Fehler, es zu starr am Kopf festzuhalten, weil Sie es damit fast unweigerlich ängstigen und verwirren. Es wird sich dann allmählich wundern, worüber sein Mensch so beunruhigt ist! Ein solches Festhalten wird das Pferd (zu Recht) mit »ich mute dir da ganz schön viel zu, und ich habe Angst, dass du in Panik geraten wirst« übersetzen, während die Botschaft, die vom Menschen ausgeht, doch lauten sollte »Du brauchst dir keine Gedanken zu machen, es gibt überhaupt keinen Grund, weswegen du dich aufregen müsstest.«!

Das Pferd zu stark festzuhalten, würde auch das Grundprinzip der bisherigen Beziehung verletzen, in der das Pferd immer so viel Spielraum hatte, dass es naturgemäß reagieren und seine eigenen Entscheidungen treffen konnte. Wenn ihm nun ein Reiter auf den Rücken gehievt und ihm dabei erzählt wird, dass es sich darüber wirklich nicht aufzuregen braucht, bitten Sie es um den bisher größten Gefallen und verlassen sich dabei völlig auf die Bereitschaft des Pferdes, mit Ihnen zusammenzuarbeiten. Allerdings gibt es keinen Grund, warum das Pferd Ihnen nicht glauben und bei der Sache ganz problemlos mitmachen sollte – außer natürlich, wenn es sich zu etwas gedrängt und gezwungen fühlt. Wenn das Pferd das Gefühl hat, Sie würden es bedrohen – egal in welchem der bisherigen Stadien – kann die Beziehung in ein Kräftemessen umschlagen, das Sie nur verlieren können.

Aufrichten

Der beängstigendste Augenblick für das Pferd ist der, in dem der Reiter zum ersten Mal auf derselben Höhe zu sehen ist wie sein Kopf und damit so über seinem Widerrist erscheint, wie ihm das in der Wildnis mit einem Raubtier passieren könnte. Seine erste Erfahrung damit hatte es, als der Reiter sich quer über den Sattel gelegt und sich bis zur Höhe seiner Ohren vorgearbeitet hatte, um seine gegenüberliegende Schulter zu klopfen.

Wenn das Pferd den Eindruck macht, als habe es das akzeptiert, kann der Reiter sein Bein über die Kruppe schwingen, wobei er darauf achten muss, das Pferd nicht zu berühren. Nun kann er sich, mit einem Bein auf jeder Seite, auf den Sattel setzen, wobei er jedoch noch nicht schwer einsitzt und den Oberkörper noch nicht ganz aufrichtet. Derjenige, der das Pferd hält, sollte den Gesichtsausdruck und die Körpersprache des Pferdes gut genug deuten können, um sagen zu können, ob das Tier bereit ist, weiterzumachen. Wenn das der Fall ist, kann der Reiter allmählich mehr Gewicht in den Sattel bringen und sich langsam zum Sitz aufrichten. Er sollte dabei ständig mit dem Pferd sprechen und es auf beiden Seiten an Hals und Schultern streicheln.

Sobald der Reiter aufrecht in normaler Reithaltung dasitzt, sollte er einige Minuten so verweilen. Danach steigt er ab und beginnt das Ganze wieder von vorn, bis das Pferd sich daran gewöhnt hat, dass da jemand auf- und absteigt. Der Reiter sollte dabei niemals versuchen, ganz unauffällig vorzugehen, indem er leise heruntergleitet und sich wieder hinaufschieben lässt. Was er auch immer tut, muss deutlich und offen geschehen, so dass das Pferd genau weiß, was vorgeht, und lernt, es mit steigender Selbstsicherheit zu tolerieren. Es kann sogar sein, dass das Pferd vom Absteigen des Reiters am meisten erschreckt wird – dies mag zwar wie der leichteste Teil der Übung aussehen, aber das Pferd wird ganz deutlich merken, dass das Gewicht plötzlich von seinem Rücken verschwindet.

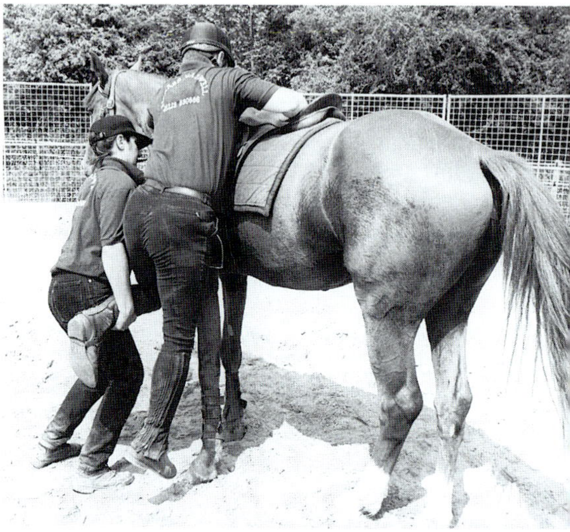

▲ ***Bei allen Bedenken sollten Sie nicht übervorsichtig sein, wenn Sie zum ersten Mal auf ein Jungpferd steigen. Das Pferd ist immer nur so selbstsicher wie der Reiter.***

◄ ▼ ***Versuchen Sie Ihr Gewicht so gleichmäßig wie möglich auf dem Sattel zu verteilen. Wenn das Pferd die ersten Schritte tut, stellen Sie sich vor, Sie wären ein Teil der Ausrüstung. Liegen Sie still!***

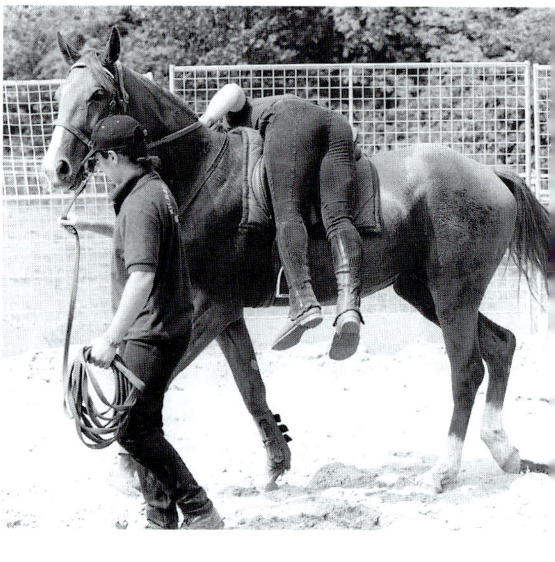

Gelegentlich kann das Pferd auch, wie in den folgenden Abbildungen gezeigt, ein paar Schritte geführt werden, wenn der Reiter quer über seinem Rücken liegt. Wenn es sich mit dem Gewicht auf seinem Rücken angefreundet hat, hält der Ausbilder es an und der Reiter setzt sich vorsichtig auf.

▶ ***Wenn das Pferd Ihre Anwesenheit auf seinem Rücken problemlos akzeptiert, schwingen das Bein mit einer deutlichen und ruhigen Bewegung über die Kruppe. Dabei hält man Kopf und Oberkörper zunächst tief über den Hals des Pferdes gebeugt.***

▶ ***Stellen Sie den Fuß so bald wie möglich in den Steigbügel, um sicherzugehen, dass Sie sich ausbalancieren können. Dabei sollte ein ruhiger, erfahrener Helfer zur Verfügung stehen.***

Losgehen unter dem Reiter

Den meisten Pferden macht es nichts aus, mit einem toten Gewicht auf dem Rücken still stehen zu bleiben, aber oft merken sie, dass sie nur mit Mühre ihr Gleichgewicht halten können, wenn sie losgehen wollen. Egal, wie gut der Reiter ist – er wird das Pferd aus dem Gleichgewicht bringen. Für das Pferd ist es ungefähr so, als ob man als Mensch einen schlecht gepackten Rucksack tragen wollte, der einem auf dem Rücken herumwackelt! Trotzdem ist dies die nächste Hürde. Sobald also der Reiter bequem aufrecht sitzt, sollte der Helfer das Pferd einige Schritte vorwärts führen, so dass es spüren kann, dass es nun viel schwieriger ist, das Gleichgewicht zu halten. Der Reiter sollte dabei noch keine Zügelanlehnung aufnehmen – der Helfer bestimmt über Geschwindigkeit und Richtung – und muss sich darüber im Klaren sein, dass das Pferd ziemlich unberechenbar ist. Es kann beispielsweise beim Halten »Wurzeln schlagen« und dann plötzlich vorwärts stolpern. Der Reiter sollte sein Gewicht also leicht nach vorn verlagert lassen und mit einer Hand in den Halsriemen greifen, um zu verhindern, dass er das Gleichgewicht verliert oder hinter der Bewegung zurückbleibt.

Im Alleingang

Anfangs sollte der Helfer das Vorwärtsgehen und Anhalten des Pferdes kontrollieren; sobald das Pferd jedoch begriffen hat, um was es hier geht, kann der Reiter mit leichter Anlehnung die Zügel aufnehmen und leichte Zügel- und Schenkelhilfen anwenden, die dann gleichzeitig mit den

▲ Es geht los. Die Vorwärtsbewegung sollte vom Helfer eingeleitet werden. Wenn das Pferd allmählich Vertrauen bekommt, kann der Reiter anfangen, feine Schenkel- und Zügelhilfen zu geben. Der Helfer muss dabei dem Drang widerstehen, einzugreifen und »auszuhelfen«, wenn es aussieht, als ob Pferd und Reiter Schwierigkeiten bekommen. Das Pferd muss sich auf das konzentrieren, was der Reiter zu ihm sagt. Es sollte nicht ständig auf den Helfer schielen und von ihm erwarten, dass er ihm das Leben wieder leichter macht.

◄ Das Absteigen ist ebenso wichtig wie das Aufsitzen und kann beim ersten Mal für das Pferd auch genauso erschreckend sein.

Beachten Sie, wie die Helferin das Pferd während des ganzen Absteigevorgangs mit der Hand am Hals stützt.

Anweisungen des Helfers an das Pferd erfolgen müssen. Er sollte die Hilfen so wenig wie möglich, aber so viel wie nötig einsetzen. Im Allgemeinen bedeutet das viel Schenkel und sehr wenig – oder gar keinen – Zügel, um überhaupt ein Ergebnis zu erzielen. Nun kann der Helfer sich allmählich etwas zurückfallen lassen und dem Reiter mehr Kontrolle überlassen, bis es sicher erscheint, den Führstrick zu entfernen. Dann sind Pferd und Reiter auf sich allein gestellt! Es wird dem Pferd sehr seltsam vorkommen, Signale von jemandem zu bekommen, der auf seinem Rücken sitzt, aber nach all den Stunden an der Doppellonge und den anderen Vorbereitungsarbeiten sollte es das nötige Grundlagenwissen haben, um zu verstehen, was von ihm verlangt wird.

Tipps für den Reiter

In diesem Stadium sollten Sie alles sehr einfach halten und nicht in die Versuchung kommen, zu lange zu reiten. Das Pferd lernt gerade eine Fremdsprache und braucht dazu zunächst nur ein paar einfache, aber nützliche Vokabeln: im Grunde bedeutet eine Schenkelhilfe »vorwärts« und eine Zügelhilfe »langsam«. Es nützt niemandem etwas, wenn Sie jetzt versuchen, perfekt zu reiten, und sich Sorgen machen, Sie könnten das Jungpferd sonst »verderben«. Das Pferd hat in diesem Stadium noch keine Ahnung von den Feinheiten der Reitkunst, so dass Sie sich entspannen und versuchen sollten, wirkungsvoll zu reiten, anstatt sich darüber Sorgen zu machen, wie Sie dabei aussehen. Das Ganze spielt sich zwischen dem Pferd und dem Reiter ab, ignorieren Sie also den Helfer und alles andere um sich herum und konzentrieren Sie sich auf die Kommunikation mit dem Tier.

Es wird eine ganze Weile dauern, bis Wendungen und Handwechsel perfekt klappen. Daher verwenden Sie am besten eine sehr deutliche Zügelhilfe, bei der die Zügelhand vom Hals weggebracht und das Pferd damit geführt wird. Achten Sie darauf, auch nicht das geringste Bisschen nach hinten zu ziehen. Stimmkommandos helfen dem Pferd, zu verstehen, was Sie von ihm wollen. Wenn Sie anhalten wollen, ziehen Sie zur gleichen Zeit, zu der Sie ganz leicht an den Zügeln ziehen, auch am

Halsriemen. Dadurch kommt weniger Druck auf das Maul des Pferdes und es versteht das Kommando leichter.

Benutzen Sie anstelle einer Gerte zur Unterstützung der Schenkelhilfen lieber die Zügelenden, mit denen Sie von links nach rechts auf die Schultern des Pferdes klopfen, oder nehmen Sie ein Stück weiches Seil mit, mit dem Sie es hinter Ihrem Schenkel kitzeln können. Mit diesen Methoden gewinnen Sie seine Aufmerksamkeit in einer Art, die man mit der Gerte nie erreicht, weil das Pferd so mehr irritiert als geschlagen wird.

Reiten Sie von Anfang an so, wie Sie es auch in Zukunft vorhaben, und achten Sie dabei darauf, dem Pferd das Leben nicht zu leicht zu machen. Es muss lernen, selbst zu denken, also reiten Sie es ruhig an angsteinflößenden Dingen vorbei, lassen es über Stangen treten, Abhänge hinauf- und hinuntergehen – tun Sie das nicht, kommt es vielleicht auf die Idee, dass es all diese Dinge meiden kann. Wenn Sie dann in ein paar Wochen glauben, dass das Pferd nun so weit ist, mit solchen Dingen konfrontiert zu werden, und die Regeln ändern, wird das Pferd davon nicht gerade begeistert sein!

Sobald das Pferd die grundlegenden Hilfen für das Halten, das Losgehen und das Wenden gelernt hat, steigen Sie ab und ohne Hilfe wieder auf, bevor Sie die Stunde beenden. Es ist gut, wenn dem Pferd klar wird, dass der Unterricht nicht immer vorbei ist, wenn der Reiter absteigt.

Strohpuppen als Reiter

Eine altmodische Methode, mit der man es vermeidet, einen Menschen auf ein noch nicht eingerittenes Pferd zu setzen, ist die, dass man eine Strohpuppe stopft und diese auf dem Sattel befestigt. Der Sinn des Ganzen liegt darin, dass dieser »Reiter« nicht aus dem Sattel fällt, falls ein Pferd buckelt und Sätze macht. Wenn ein Reiter erst einmal bei so etwas zusehen muss, damit er genügend Selbstvertrauen gewinnt, um auf dieses Pferd zu steigen, ist er seiner Aufgabe nicht gewachsen.

Es gibt absolut keine Vorteile, die dafür sprechen würden, auf ein junges Pferd als erstes eine Strohpuppe zu setzen. Sie fühlt sich für das Pferd nicht nur ganz anders an als ein Mensch, sondern sie ist auch nur schwer wirklich sicher zu befestigen und kann zu irreparablen geistigen und sogar körperlichen Schäden führen, wenn sie unter das Pferd und zwischen seine Hinterbeine rutscht. Es ist zwar nicht unbedingt wünschenswert, dass ein menschlicher Reiter herunterfällt, aber lieber sollte das passieren, als dass eine Puppe eben nicht her-

◀ *Ganz links: Unterdrücken Sie die Bewegungen des Pferdes nicht – eine zu starke Zügelanlehnung kann Panik verursachen.*

◀ *Links: Wenn das Pferd sich an das Tragen des Reiters gewöhnt hat, muss es lernen, zwei Dinge gleichzeitig zu tun. Das Treten über Stangen ist ausgezeichnet geeignet, um seine Koordination zu schulen.*

▼ *Pferde gehen nicht unbedingt immer ihrer Nase nach! Es dauert seine Zeit, bis die Sache mit dem Lenken perfekt klappt. Denken Sie daran, dass es für Jungpferde schwierig ist, sich unter dem Reiter auszubalancieren, und dass sie nicht immer so reagieren werden, wie man es erwartet.*

Eine Hilfe zum Halten darf bei einem jungen Pferd keine Panik auslösen, nur weil der Reiter glaubt, dabei an seinem Kopf herumzerren zu müssen.

unterfällt, wenn etwas schief geht, und das Pferd dann in Panik gerät.

Puppen werden manchmal von Profiausbildern benutzt, wenn ältere Pferde unter dem Sattel schwerste Probleme haben und nichts anderes hilft. Für ein junges Pferd und das erste Anreiten sind sie aber völlig unnötig.

Das Pferd will nicht vorwärts gehen

Viele Leute sind erstaunt, wenn sie feststellen, dass junge Pferde nicht unbedingt überempfindlich vorwärtsdrängen und jede Minute losstürmen, sondern ganz im Gegenteil recht zäh sein können und sich allgemein schlecht vorwärtstreiben lassen – weil sie keine Ahnung haben, was eine Schenkelhilfe wirklich bedeutet. Außerdem haben sie noch Schwierigkeiten, ihre Beine zu sortieren und ihr Gleichgewicht zu finden. Ebenso, wie ein Mensch neue Tanzschritte lernt, indem er die Schritte zunächst langsam durchgeht, die Fehler korrigiert und erst dann allmählich schneller wird, braucht auch ein Pferd erst einmal Zeit, um Koordination zu lernen.

Das Problem, dass ein Jungpferd sich weigert, sich vorwärts zu bewegen, und wie angewurzelt in der Hallenecke oder vor einer Stange am Boden steht, stellt sich sehr häufig. Allerdings ist dies im Allgemeinen kein Fall von Widersetzlichkeit oder Kleben; es ist eher so, dass das Pferd dasteht und denkt »Ach du meine Güte, ich habe vergessen, wie das geht! Könnte mir mal jemand *helfen*!?«

Wenn Sie ein solches Pferd dazu überreden können, einfach nur einen einzigen Schritt in irgendeine Richtung zu tun, wird es normalerweise problemlos weitergehen können. Dazu ist es sehr wirkungsvoll, die Zügel von Schulter zu Schulter zu schnalzen oder mit einem weichen Seil gegen sei-

Jungpferde gehen oft nicht gern vorwärts. Um einem Pferd beizubringen, dass es vorwärts gehen soll, sind ein Stück Seil, mit dem man an die Flanken schnalzt, oder das Schlagen der Zügel von einer Seite auf die andere oft viel wirkungsvoller als ein derber Tritt in die Rippen.

ne Flanke zu schlagen – vor allem, wenn Sie dies damit kombinieren, dass Sie mit einem Zügel in die Wendung öffnen und das Pferd dazu auffordern, einen Schritt zur Seite zu tun, statt einen Schritt nach vorn.

Der andere mögliche Grund für ein Pferd, wie angewurzelt stehen zu bleiben und nicht weiterzugehen oder auch anzuhalten und zu explodieren, sind starke Schmerzen im Rücken oder im Hals. In diesem Fall ist es Tierquälerei, ein Tier zum Weitergehen zu zwingen, und es wird auch zu nichts führen. Rücken, Zähne und Ausrüstung müssen von Fachleuten überprüft werden; und man darf damit nicht aufhören, ehe man dem Problem auf den Grund gegangen ist.

Losreiten

Im Schritt zu gehen ist vergleichsweise einfach. Also dürfen Sie das Pferd nicht allzu lange in dieser Komfortzone verweilen lassen, bevor Sie es zum Traben und Galoppieren auffordern. Um es zu einem Übergang in eine schnellere Gangart aufzufordern, geben Sie ihm den Kopf frei und fordern es mit Schenkeln und Stimme auf, wobei Sie sich jeweils mit einigen wenigen Tritten in der schnelleren Gangart zufrieden geben sollten. Es geht dabei einfach nur darum, dass es das Gefühl dafür bekommt, also ist es nicht ganz so wichtig, ob Sie nun auf dem richtigen Fuß traben oder den korrekten Galopp erwischt haben. Am besten gehen Sie logisch vor und fordern zu höheren Gangarten auf, wenn Sie gerade auf das Tor zureiten, während Sie langsamere Gangarten wählen, wenn Sie davon wegreiten. Es ist sinnvoll, sich alles zunutze zu machen, was Ihnen das Leben erleichtert und dem Pferd hilft, zu verstehen, was Sie von ihm wollen.

Pferde können sich im Galopp oft besser ausbalancieren als im Trab, weil dies die Gangart ist, die sie in der Wildnis am meisten benutzen. Dieses Wissen, dass Pferde nur wenig Zeit im Trab verbringen, können Sie ausnutzen. Wenn Sie bereit zum Galoppieren sind, kann es sinnvoll erscheinen, auf dem Platz oder in der Halle zu bleiben, aber das Galoppieren kleiner Kreise ist für jedes Pferd schwere Arbeit, ganz zu schweigen von einem Jungpferd. Wenn Sie sich dazu eine große, freie Fläche aussucht, wird es für beide leichter, noch dazu, weil es für ein Pferd in einer solchen Situation auch natürlich ist, einen Galopp *anzubieten*. Sitzen Sie nur leicht ein, beugen sich jedoch nicht allzu sehr nach vorn, falls das Pferd buckeln oder stolpern sollte – in diesem Stadium gibt es für das Pferd nichts Furchterregenderes, als wenn sein Reiter herunterfällt! Im übrigen ist es ist für das Pferd ziemlich unüblich, gemein zu werden, weil es viel zu viel anderes um die Ohren hat!

Festigen Sie Grundgehorsam und Gangarten des Pferdes erst auf dem Platz oder in der Halle, bevor Sie sich nach draußen wagen.

Ausblick

Eine gute Beziehung mit dem Pferd ist für ein erfolgreiches Einreiten von zentraler Bedeutung. Außerdem ist es absolut wichtig, dass die Ausbildung aufeinander aufbaut und dass das Pferd genügend Zeit bekommt, um sich an alle neuen Anforderungen anzupassen und sie zu verstehen, bevor Sie zur nächsten Stufe übergehen. Jede Ausbildungsstunde muss kurz und interessant bleiben, so dass das Pferd auf das Reiten als positive Erfahrung zurückblickt. Bleiben Sie auf dem Platz oder in der Halle, bis Sie halten, anreiten, die Gangart wechseln und Wendungen reiten können – wobei der Stil noch nicht unbedingt perfekt sein muss! – bevor Sie das Pferd mit der großen Welt draußen vor der Tür und den vielen Dinge konfrontieren, die es dort zu sehen und zu hören gibt.

Wie Sie im nächsten Kapitel sehen werden, bin ich der Überzeugung, dass junge Pferde allein auf ihre ersten Ausritte gehen sollten, anstatt sich auf ein Lehrpferd zu verlassen, das Mut für beide aufbringt. Inzwischen sollte das Pferd seinen Menschen als ständige Quelle der Hilfe und der Beruhigung inmitten all der neuen Erfahrungen ansehen, und wenn das Pferd an seinen Menschen glaubt, wird es tun, was dieser will, ohne Fragen zu stellen. Wenn man in Schwierigkeiten gerät, sollte das Pferd den Menschen als Komfortzone ansehen, ebenso wie damals, als man sich im Join-up mit ihm zusammengetan und mit ihm im Round Pen gearbeitet hat. Die Rolle des Menschen in dieser Beziehung ist immer dann am stärksten, wenn er das Pferd zum ersten Mal fragt, ob es nicht etwas Neues ausprobieren möchte – nicht erst mehrere Wochen später, wenn das Pferd mit alledem schon allein klargekommen ist.

Wenn Sie eine Situation falsch einschätzen und die Sache schief läuft, gehen Sie einen Schritt zurück auf vertrautes Terrain, um dort dem Pferd das Vertrauen an sich selbst wiederzugeben, bevor Sie das neue Konzept erneut einführen. Nehmen Sie jeden Tag so, wie er ist, und machen Sie aus dem Endergebnis des Reitens an sich keine lebenswichtige Sache. Ein gut eingerittenes Pferd ist das Ergebnis jahrelanger korrekter Ausbildung, bei der jeweils ein Schritt nach dem anderen eingeführt wurde, und das Draufsitzen ist nur einer dieser kleinen Schritte. Das Einreiten des Pferdes ist ein Mittel zum Zweck, nicht ein Zweck für sich.

Panik oder übermäßiger Eifer sind normalerweise rasch überwunden, wenn man sich auf dem Platz oder in der Halle genügend mit der Basisarbeit beschäftigt hat.

• • • AUF EINEN BLICK • • •

- *Bei der Entscheidung, wann Sie Ihr Pferd anreiten, sollten Sie sich danach richten, wie gut das Pferd darauf vorbereitet ist, nicht nach dem Alter des Pferdes.*
- *Alles, was etwas mit dem Einreitvorgang zu tun hat, sollte dem Pferd bereits vertraut sein – Ort, Zeit, Ausrüstung und Menschen.*
- *Sorgfältige Vorbereitung ist die beste Methode, um bei Pferd und Reiter Selbstvertrauen aufzubauen.*
- *Klammern Sie sich niemals am Pferd fest, als ob Sie erwarten, dass etwas schief geht.*
- *Schnallen Sie die Steigbügel etwas kürzer als sonst, um einen leichten, ausbalancierten Sitz zu gewährleisten.*
- *Ein Vorderzeug ist sinnvoll, um den Sattel am Verrutschen zu hindern.*
- *Lassen Sie sich mit dem Aufnehmen der Zügel Zeit bis zum Schluss.*
- *Ein extrem vorsichtiges Herangehen ist nicht unbedingt vertrauensfördernd. Ein junges Pferd kann sich mit deutlichem, entschlossenem Vorgehen besser anfreunden.*
- *Machen Sie die Dinge so einfach wie möglich: eine Schenkelhilfe bedeutet »vorwärts«, eine Zügelhilfe bedeutet »langsam«.*
- *Das Ziel sollte sein, wirkungsvoll zu reiten. Überlegen Sie dabei nicht, wie das wohl aussieht. Es ist unmöglich, auf einem Pferd »schön« zu reiten, das gerade zum ersten Mal einen Reiter trägt.*
- *Bei der Anwendung der Hilfen sollten Sie so wenig wie möglich fordern, dies aber so deutlich und so oft wie nötig.*
- *Keine Panik, falls das Pferd wie angewurzelt stehen bleibt – klapsen Sie es mit den Zügelenden und fordern Sie es auf, einen Schritt seitwärts zu machen anstatt einen vorwärts. Oft kommt es so leichter vom Fleck.*
- *Die Stunden dürfen nicht zu lange dauern – ganz egal, wie willig das Pferd mitmacht, hat es noch keine starken Rückenmuskeln entwickelt, so dass sich selbst ein leichter Mensch sehr schwer anfühlt.*
- *Versuchen Sie nach Möglichkeit den ganzen Vorgang des ersten Aufsitzens in einer Ausbildungsstunde zu bewältigen.*

Kapitel 9
Furchterregendes auf dem Ausritt
(3 bis 5 Jahre)

Jetzt ist es also so weit. Nach all den Vorbereitungen sitzen Sie endlich im Sattel Ihres Jungpferdes. Inzwischen können Sie halbwegs vernünftig Schritt, Trab, Galopp und Wendungen reiten, und man kann ja nicht für immer in der Halle bleiben! Obwohl es Ihnen so vorkommen mag, als ob Sie beide schon einen weiten Weg hinter sich haben, fängt die Karriere des Pferdes tatsächlich jetzt erst an. Vielleicht wünschen Sie sich mittlerweile bereits die Zeit herbei, wenn das Pferd mehr Erfahrung hat und Ihnen das eine oder andere beibringen kann, aber im Augenblick liegt es noch an Ihnen, die Ausbildung des Pferdes weiterzuführen. Es hat noch so viel zu lernen.

Im Alleingang

Es gibt unterschiedliche Meinungen darüber, wie man ein Jungpferd am besten an all die Gefahren der großen weiten Welt gewöhnt und was man tun soll, wenn man auf etwas Unerwartetes trifft. Viele Menschen denken, es sei gut für das Jungpferd, wenn es eine Weile einem älteren Pferd folgen kann, aber ich bin völlig gegen diese Auffassung. Entgegen der landläufigen Meinung scheinen Pferde sehr wenig dadurch zu lernen, dass sie anderen Pferden zusehen. Wenn das so einfach wäre, bräuchten wir die Boxen ja nur rund um einen Reitplatz herum zu bauen, auf dem ein Dressur- und ein Springpferd gearbeitet werden, und schon hätten wir unseren Pferden alles beigebracht, was sie wissen müssen!

Sehr oft ist das Ausreiten in Begleitung eines älteren Pferdes eher eine gefühlsmäßige ›Krücke‹ für den Reiter als für das junge Pferd. Meiner Erfahrung nach klappt das auch gar nicht allzu gut – ich habe noch nie beobachten können, dass die Anwesenheit eines älteren Pferdes ein Jungpferd davon abgehalten hätte, durchzugehen oder sich schlecht zu benehmen, wenn es das wollte.

Bei all den schwierigen Pferden, die ihren Weg in meinen Stall gefunden haben, ist mir noch nicht eines begegnet, dass nicht in der Gesellschaft anderer Pferde gehen wollte. Dagegen ist es sehr häufig, dass Pferde kleben und sich weigern, allein hinauszugehen – und das beruht oft darauf, dass das Pferd gewohnt ist, einem anderen zu folgen. Bei einem Herdentier wie dem Pferd muss man sich dieser Neigung bewusst sein und vermeiden, hier ein potentielles Problem zu schaffen. Ein junges Pferd kann sehr schnell so weit kommen, dass es etwas dagegen hat, allein den Hof zu verlassen. Dies liegt nicht daran, dass es diesem Pferd an Mut mangelt, sondern einfach daran, dass es gewohnt ist, einem anderen Pferd nachzulaufen. Man darf ihm also gar nicht erst die Chance geben, schlechte Angewohnheiten zu entwickeln.

Man sollte seine Motive dafür, ein anderes Pferd vorausgehen lassen zu wollen, ehrlich hinterfragen. Tut man das wirklich, um dem Pferd mehr Vertrauen zu geben, oder ist es der Reiter, der dadurch beruhigt werden soll? Wenn man nicht den Mut hat, allein mit dem Pferd ins Gelände zu gehen, ist man vielleicht nicht der Richtige, um ein junges Pferd durch die ersten Lebenserfahrungen zu führen.

Die Führung übernehmen

Wenn ein junges Pferd für den Umgang mit einer neuen Erfahrung Hilfe braucht, sollte es Führung beim Reiter suchen und nicht bei einem anderen Pferd. Braucht das Jungpferd Zuspruch, sollte die einzige Person, bei der es diesen sucht, sein Ausbilder und Reiter sein. Als Ausbilder haben Sie sich an die Spitze der Herdenhierarchie gestellt, und es würde die kritische Frage, wer hier der Chef ist, nur komplizierter machen, wenn Sie den Platz an der Spitze plötzlich jemand anderem überlassen.

Manche Pferde sind unabhängiger als andere. Wenn Sie also entscheiden, was sie leisten können, müssen Sie jedes Pferd als Individuum einschätzen. Seien Sie sich darüber im Klaren, dass alles so lange dauern wird, wie es eben sein muss. Es gibt keine Eile, keinen Termin, keinen Zeitplan. Nehmen Sie jeden Tag so, wie er ist, und überlassen Sie es dem Pferd, das Tempo anzugeben. Jedes Erlebnis unter dem Sattel sollte eine gute Erfahrung sein; vergessen Sie nicht, dass das Jungpferd körperlich immer noch nicht in der Lage ist, einen Reiter über eine längere Strecke zu tragen.

Anstatt die Stellen zu meiden, an denen eventuell irgendwelche furchterregenden Dinge lauern könnten, sollten Sie sich regelrecht bemühen, ihnen zu begegnen. Das junge Pferd sollte von Anfang an allein ausgeritten werden. Wenn es an seinen Menschen glaubt, gut vorbereitet ist und außerdem kompetent geritten wird, sollte dies kein Problem sein. Reiten Sie zunächst wirklich nur eine ganz kurze Runde, nur ein paar hundert Meter quer über den Hof, und steigern Sie die Entfernung dann in dem Maße, in dem das Selbstvertrauen des Pferdes wächst. Achten Sie dabei darauf, nicht zu schnell zu viel zu verlangen.

Die Angst vor dem Neuen überwinden

Irgendwann stehen Sie und Ihr junges Pferd zum ersten Mal einem Lastwagen oder einem Mähdrescher gegenüber! Dies ist ein klarer Fall von »je früher, desto besser«, denn je weniger selbstsicher und trittsicher ein Pferd noch ist, desto geringer ist die Gefahr, dass es sich aufspielt oder widersetzlich wird. Sie tun Ihrem Jungpferd keinen Gefallen, wenn Sie versuchen, es vom wirklichen Leben abzuschirmen. Ganz im Gegenteil: es ist besser, es von Anfang an darauf vorzubereiten, anstatt dann zu einem späteren Zeitpunkt eiskalt erwischt zu werden.

Es ist an Ihnen, beim Heranreiten an irgendwelche furchterregenden Dinge so entspannt und selbstsicher wie möglich zu bleiben. Denken Sie daran, dass ein übervorsichtiges Herantasten dem Pferd sein Selbstvertrauen nimmt. Achten Sie also darauf, keine unbewussten Warnsignale auszusenden, die dem Pferd sagen, dass Sie mit Schwierigkeiten rechnen, indem Sie beispielsweise unwillkürlich die Zügel kürzer fassen oder die Schenkel stärker anlegen. Nach all der vorbereitenden Bodenarbeit sollte das Pferd inzwischen gut auf Ihre Stimme reagieren, so dass Sie dies zu Ihrem Vorteil nutzen können.

Wenn das Pferd nicht mehr vorwärts geht und wie angewurzelt stehen bleibt, wenn man näher an das bedrohliche Ding heranreiten will, schlagen Sie mit einem kurzen Seilstück oder den Zügelenden von einer Pferdeschulter auf die andere hinüber. Ich finde das wesentlich wirkungsvoller als eine Gerte, die immer nur auf einer Seite des Pferdes eingesetzt und zu leicht missbraucht werden kann.

Wenn das Pferd in Panik gerät

Was ist also zu tun, wenn etwas schief läuft und das junge Pferd auf einem Ausritt Angst bekommt? Die

Antwort lautet: fest sitzen, damit das Pferd so weit wie möglich sein Gleichgewicht und seine Koordination behält. Wenn Sie an den Zügeln zerren und selbst aus dem Gleichgewicht kommen, gerät das Pferd wahrscheinlich noch mehr in Panik; deshalb sollten Sie die Steigbügel ziemlich kurz halten und einen Halsriemen benutzen, bis das Pferd berechenbarer geworden ist.

In solchen Augenblicken zahlt sich all die Arbeit, die Sie mit dem Pferd am Boden gemacht haben, aus: Sie haben das Pferd dazu überredet, Ihnen zu vertrauen, und haben seinen Fluchtinstinkt überwunden. Meiner Erfahrung nach laufen nur wenige Jungpferde sehr weit, wenn sie einmal scheuen sollten – sie haben einfach noch nicht die Kraft und das Gleichgewicht dazu. Das ist auch dann der Fall, wenn das Pferd beispielsweise bei einem Galopp auf freier Strecke pullt und sich aufregt.

Der erste Galopp. Suchen Sie sich dazu einen Ort aus, wo Sie viel Platz haben, und lassen Sie das Pferd laufen – ihm wird sehr viel früher die Luft ausgehen als Ihnen, und so wird es merken, dass Galoppieren ziemlich harte Arbeit ist!

Viel Abwechslung bieten

Je besser das Jungpferd mit seinem Reiter im Sattel ins Gleichgewicht kommt, desto eher kommt es auf dumme Gedanken. Man sollte also nicht allzu lange warten, bevor man mit etwas Neuem anfängt – wenn man den Geist des Pferdes beschäftigt, kommt es nicht so schnell auf eigene Ideen. Trotzdem muss man daran denken, dass man einem jungen Pferd in der Ausbildung gerade so viel Arbeit abverlangen darf, dass es geistig stimuliert wird,

ohne es körperlich zu stark zu fordern. Wenn man diesen goldenen Mittelweg in irgendeine Richtung verfehlt, kommt es leicht zu Problemen.

Die Ausbildung braucht nicht aus endlosem Zirkel-Reiten zu bestehen. Man kann Stangen einbauen, die die Koordination des Pferdes verbessern und die Sache interessant machen.

Mit hochgelegten Stangen oder Cavaletti kann man das Jungpferd ans Springen heranführen; man kann ein junges Pferd im Freispringen oder an der Longe über kleine Hindernisse arbeiten, damit es sich mit der Sache anfreunden kann, ohne dabei von einem Reiter behindert zu werden.

Mit Stangen läßt sich sehr vielseitig arbeiten. Reiten Sie nicht einfach nur immer wieder über Trabstangen – lassen Sie das Pferd zum Beispiel seinen Weg durch Fächer, Sterne, parallel liegende Stangen und L-förmige Gassen suchen.

Das erste Turnier

Nachdem Sie mit Ihrem jungen Pferd ein wenig im Gelände geritten sind, können Sie es durchaus einmal mit einem kleinen Turnier probieren. Sie brauchen ja nicht mitzumachen, fahren Sie einfach nur hin, um Turnierluft zu schnuppern, oder versuchen Sie es mit einem einfachen Reiterwettbewerb oder einem kleinen E-Springen. Wie immer, so ist auch hier die Vorbereitung der Schlüssel zum Erfolg; daher sollten Sie sicherstellen, dass Sie Ihre Hausaufgaben gemacht haben. Das Pferd sollte an Transportgamaschen und Schweifbandage und auch an das Hängerfahren gewöhnt sein.

Wenn das Pferd vernünftig an das Halfter und das Geführt-Werden gewöhnt wurde, sollte es beim Verladen keine Schwierigkeiten machen; am besten üben Sie aber vor dem großen Tag trotzdem ein paarmal. Für ein Jungpferd kann das Ausladen

• • • AUF EINEN BLICK • • •

- *Reiten Sie mit Ihrem jungen Pferd von Anfang an allein aus, um zu verhindern, dass es sich angewöhnt, zu kleben.*
- *Um das Pferd zum Vorwärtsgehen zu ermuntern, schnalzen Sie die Zügelenden oder ein Stück Seil von einer Pferdeschulter zur anderen.*
- *Gehen Sie Hindernissen nicht aus dem Weg; die Jugend des Pferdes sollte nicht als Entschuldigung vorgeschoben werden. Suchen Sie statt dessen nach unbekannten Dingen.*
- *Denken Sie daran, dass die Betonung auf geistiger Stimulation liegt, und nicht auf körperlicher Anstrengung.*
- *Entschlossenes Reiten ist wichtiger als ein perfekter Stil! Das Pferd bezieht sein Vertrauen vom Reiter.*
- *Achten Sie auf Anzeichen von Langeweile und gehen Sie rechtzeitig zu Dingen über, die mehr Herausforderung bieten, bevor das Pferd die Chance hat, übermütig zu werden.*
- *Gehen Sie bei der Ausbildung so fantasievoll wie möglich vor.*
- *Nehmen Sie jeden Tag so, wie er ist; überlassen Sie es dem Pferd, das Tempo anzugeben.*
- *Auf einem Turnier ist weder der richtige Zeitpunkt noch der richtige Ort für die Ausbildung eines jungen Pferdes.*
- *Das Geritten-Werden muss dem Pferd Spaß machen, deshalb sollte jede Erfahrung positiv verlaufen.*

ebenso schwierig sein wie das Einladen – die schräge Rampe kann von oben ziemlich bedrohlich aussehen und erfordert beim Ausladen mehr Mut und Gleichgewicht als auf dem Weg nach oben!

Die Vorbereitungen, die Sie zu Hause treffen, machen nicht nur den ganzen Ausflug für Pferd und Mensch angenehmer, sondern sind auch eine Sicherheitsvorkehrung. Ein Jungpferd kann jede Menge Schaden anrichten, wenn es sich entschließt, einen Aufstand zu inszenieren und auszubrechen. Die gesamte Ausbildung wird in der aufregenden Turnieratmosphäre auf die Probe gestellt; vielleicht zeigen sich hier auch ein paar Schwachpunkte. Ein Turnier ist jedoch der falsche Ort, um ei-

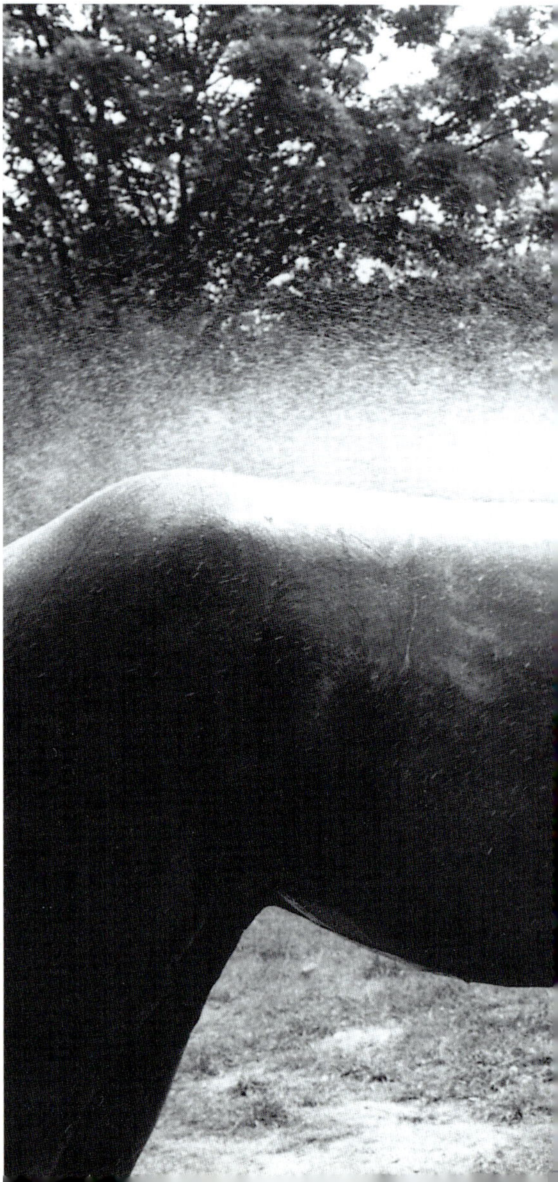

Planen Sie für alles, was Sie sich vornehmen, genügend Zeit ein, denn normale Pflegearbeiten dauern mit einem unruhigen Jungpferd oft viel länger. Vorgänge wie das Einflechten der Mähne, das Schweifwaschen oder das Abspritzen mit dem Schlauch können noch unbekannt sein, so dass schon ein einfacher Ausflug zu einer großen Lernerfahrung wird.

nem Pferd Manieren beizubringen, und einem unerfahrenen Jungpferd schon gar nicht. Am meisten profitieren Sie von diesem Tag, indem Sie aus Ihren eigenen Fehlern und denen des Pferdes lernen und sie als Grundlage für die weitere Ausbildung zu Hause nutzen.

Das Jungpferd kann sich nicht nur aufregen, wenn all die neuen Eindrücke auf dem Turnier auf es einstürmen. Es könnte auch ziemlich verängstigt auf all die vielen anderen Pferde und die allgemeine Turnieratmosphäre reagieren. Bedenken Sie, dass der disziplinierte, vertraute Umgang mit dem Menschen ihm Sicherheit gibt. Wenn Sie seine Ausbildung allerdings wirklich auf den Prüfstand stellen wollen, sollten Sie Ihr Pferd für eine Weile einem Freund übergeben. Ein Pferd, das seine Lektionen wirklich gut gelernt hat, sollte sich nicht sehr viel anders benehmen als sonst, nur weil jemand anderes den Führstrick hält. Es sollte ungeachtet der Umstände genau wissen, welches Verhalten von ihm erwartet wird und wo seine Grenzen liegen – ganz unabhängig davon, wer mit ihm umgeht.

Gute Manieren lassen außerdem dem Pferd und dem Menschen den Kopf frei, um sich auf die geforderte Leistung zu konzentrieren, so dass beide sich an diesen Tag als eine schöne und wertvolle Lernerfahrung erinnern werden und nicht als einen ständigen Kampf.

Kapitel 10
Fehlstarts
(Jedes Alter)

Nur weil ein Pferd jung ist, muss das nicht automatisch heißen, dass es schwierig im alltäglichen Umgang sein wird – vorausgesetzt, es wurde von Geburt an fair und konsequent behandelt. Bei diesem Buch liegt die Betonung eher darauf, Problemen vorzubeugen, als sie zu beseitigen. Trotzdem macht jeder einmal Fehler, wobei Pferde normalerweise sehr versöhnlich sind, wenn man erkennt, wo etwas schiefgelaufen ist und sich sofort entschuldigt und noch einmal von vorn anfängt. Zum Glück für uns Menschen sind echte Verbrecher in der Pferdewelt selten, auch wenn jedes Pferd seinen eigenen Charakter und seine eigene Toleranzschwelle hat – was man respektieren muss, denn wie bei den Menschen gibt es eben auch bei Pferden einige, die leichter in die Luft gehen und sich aufregen als andere!

Probleme tauchen auch dann auf, wenn Menschen sich mit einem Pferd beschäftigen, das intelligenter ist, als sie angenommen hatten, oder das für die eigenen Fähigkeiten schon zu weit fortgeschritten ist, oder bei dem die vorherigen Eigentümer die Basisarbeit vernachlässigt haben. Auch die Möglichkeit, dass die Charaktere von Pferd und Besitzer nicht zusammenpassen, sollte man nicht außer Acht lassen – ich habe viele Fälle gesehen, in denen Pferd und Besitzer einfach nicht miteinander zurechtkamen und man ihnen nur den guten Rat geben konnte, getrennte Wege zu gehen, bevor es bei einem der beiden zu Groll und Verunsicherung kommt.

Nun ist es zwar sowohl für das Pferd als auch für den Menschen leichter, wenn man die Dinge von Anfang an richtig macht, aber es ist selten zu spät, um eventuelle Ausrutscher zu korrigieren. Keine Panik also, wenn etwas nicht planmäßig verläuft! Eine solche Situation muss man als Chance betrachten, die Beziehung zum Pferd zu vertiefen, indem man ihm hilft, mit dem klarzukommen, was es stört. Pferde sind von Natur aus weder unkooperativ noch lieben sie die Konfrontation – genau das Gegenteil ist der Fall – und so ziemlich jedes Verhaltensproblem kann erfolgreich korrigiert werden, wenn man hundertprozentig entschlossen ist, dieses Verhaltensmuster zu durchbrechen. Wie ich bereits in den vorigen Kapiteln erklärt habe, hat der Mensch bei der Ausbildung eines Pferdes den großen Vorteil, dass Pferde von Natur aus eher unterwürfige Tiere sind, die gut auf Vernunft und Logik ansprechen. Dieses logische Denken könnte sogar genau der Grund sein, warum ein Pferd überhaupt Verhaltensprobleme entwickelt. Schlechtes Benehmen entwickelt sich oft aus einer hochintelligenten und vernünftigen Reaktion auf etwas, das das Pferd auf der Basis seiner natürlichen Überlebensinstinkte als Bedrohung auffasst. Wenn ein Pferd vor einer Gefahr davonlaufen kann, wird es dies immer tun, wenn man es aber in die Ecke drängt und es gezwungen ist, sich der Gefahr zu stellen, wird es zu der Auffassung kommen, dass es gar keine andere Möglichkeit hat, als zu kämpfen. Seine Überlebensinstinkte befehlen ihm, auszuschlagen, zu beißen, zu steigen, durchzugehen oder sich loszureißen, um aus der Gefahrenzone zu entkommen – also wird es genau das tun.

Problempferd oder Problembesitzer?

Es gibt immer einen guten Grund, wenn ein Pferd das Gefühl hat, dass es das, worum man es bittet, nicht tun kann. Wenn ein Pferd also plötzlich Anzeichen von »Problemverhalten« zeigt, sollte man sich in eine Ecke setzen und sich fragen, *warum* das so ist, bevor die Situation außer Kontrolle gerät.

Nehmen wir zum Beispiel ein Pferd, das heftig klebt und sich weigert, allein ins Gelände zu gehen oder auch nur den Hof zu verlassen: warum sollte ein normalerweise gelassenes Fluchttier, das seinem Reiter vertraut, das weiß, was man von ihm will und körperlich auch dazu in der Lage ist, sich plötzlich dazu entschließen, einen Streit anzufangen und sich weigern, zu tun, was von ihm gefordert wird? Die Antwort lautet: unter normalen Umständen würde ein Pferd so etwas nicht tun. Aber was ist, wenn es seinem Reiter *nicht* vertraut, wenn es *nicht* versteht, was es tun soll oder wenn es körperlich *nicht* in der Lage ist, es zu tun? In einem solchen Falle wird das Pferd das Gefühl haben, dass es völlig im Recht ist, wenn es sich widersetzt und den Versuch unternimmt, dem Menschen klarzumachen, was es sagen will. Pferde können unsere Sprache nicht sprechen, aber auf seine Weise schreit ein solches Pferd so laut, wie es nur kann.

Und was tun wir Menschen normalerweise als Reaktion auf einen solchen Hilfeschrei? Nur zu oft verlangen wir noch mehr von dem Pferd, »zeigen ihm, wer hier der Chef ist« und zwingen es, noch mehr von dem zu tun, was ihm Schmerzen verursacht oder Angst einjagt.

◄ ▲ ***Das Pferd muss dem Menschen vertrauen und ihn respektieren, bevor man irgendwelche Probleme lösen kann.***

Hinter dem »zeigen, wer hier der Chef ist« steht der Gedanke, dass ein Pferd größer und stärker ist als ein Mensch, und dass es deswegen die ganze Hand nehmen könnte, wenn man ihm den kleinen Finger gibt. Tatsache ist, dass ein Pferd auf jeden Fall in der Lage ist, die ganze Hand zu nehmen, wenn es das will – egal, was der Mensch tut! Wenn man zu einem Pferd sehr streng ist, weil man verhindern will, dass das Pferd »auf dumme Gedanken kommt«, ist das so, also ob man einem Kind rein prophylaktisch eine Ohrfeige gibt, weil es ja sonst auf die Idee kommen könnte, unartig zu sein. Tatsächlich ist es viel besser, zu warten, bis das Kind sich wirklich falsch verhalten hat, und es *dann* mit einer sofortigen und angemessenen Reaktion zu korrigieren, so dass es die Strafe mit dem Vergehen verbindet.

Man muss es einmal vom Standpunkt des Pferdes aus betrachten. Wenn jemand auf Sie zumarschiert, Ihnen den Finger in den Brustkorb bohrt und Sie anschreit, werden Sie verständlicherweise einen gewissen Widerwillen dagegen verspüren, zu tun, was diese Person will. Eine höfliche und vernünftige Bitte, von einem Freund vorgebracht, ist etwas ganz anderes und hat eine sehr viel höhere Erfolgsrate als das erste Vorgehen! Daran muss man im Umgang mit einem Pferd immer denken. Um seine Autorität geltend zu machen, verwendet man geistige Techniken, weil körperliche Überlegenheit beim Umgang mit einem Pferd auf die Dauer einfach keine Option ist.

Gewalt vermeiden

Der Schlüssel zur Problemlösung liegt darin, sofort, bestimmt und selbstsicher zu reagieren und dem Pferd gegenüber niemals Zwang oder Gewalt anzuwenden, ganz egal, wie frustrierend die Situation auch sein mag. Greift man auf Zwang oder Gewalt zurück, ist es mit Sicherheit nur eine Frage der Zeit, bis dem Pferd klar wird, dass es stärker ist als der Mensch – und dann werden die Rollen getauscht. Dann macht sich das Pferd zum Chef, und der Mensch steht auf sehr dünnem Eis! Bei einem Problempferd muss man absolut entschlossen sein, sich durchzusetzen und eine Sache zu Ende zu bringen, aber man darf dabei niemals zu Gewalt greifen. Wenn man Gewalt anwendet, hat das Pferd jedes Recht, sich schlecht behandelt zu fühlen, es wird dem Reiter noch weniger trauen, seine Verwirrung wird noch zunehmen, und eventuelles Unbehagen wird noch schlimmer werden, wenn man es zum Weitermachen zwingt. Damit sind Pferd und Reiter in einem Teufelskreis gefangen.

Der Umgang mit einem Pferd, das die Autorität des Menschen auf die Probe stellen will, ist ungefähr wie der Umgang mit einem Kind, das schreit und sich in den Schlaf weint, weil es seine Lieblingssendung im Fernsehen nicht sehen darf. Man muss die Hysterie ignorieren und ruhig darauf bestehen, dass das Kind tut, was man ihm gesagt hat – und das nächste Mal wird es nicht einmal mehr fragen. Das Schlimmste, was man tun kann, ist, nach der Auseinandersetzung nachzugeben und es doch fernsehen zu lassen. Damit hat man vielleicht für den Augenblick für Ruhe und Frieden gesorgt, aber man hat den Respekt des Kindes verloren und hat für das nächste Mal einen unheilvollen Präzedenzfall geschaffen, weil man dem Kind beigebracht hat, dass »Nein« manchmal eben doch »Ja« heißen und dass das Kind seine Eltern mit seinem Fehlverhalten kontrollieren kann. Auch Pferde können dieses Spiel spielen.

Man darf auch niemals der Versuchung erliegen, zu mehreren gegen ein Pferd vorzugehen. Nur Menschen, die sich unsicher sind, brauchen andere hinter sich, wenn sie ein Problem angehen wollen. Wenn Streitigkeiten beigelegt werden sollen, ist die Basis »einer gegen einen« wesentlich entscheidungsfördernder als die Methode »gemeinsam sind wir stark«, bei der man wie eine Schlägerbande auf das Pferd losgeht. Dabei wird das Pferd nur in eine Verteidigungshaltung gedrängt und wird so noch weniger zur Zusammenarbeit bereit sein – wenn es sich bedroht fühlt, wird es sich zur Wehr setzen.

Auch das Bestechen mit Futter ist vergebliche Mühe, weil man damit dem Problem nur aus dem Weg geht, anstatt es zu lösen. Wie ein Schulkind, das sich mit Süßigkeiten Freundschaften erkaufen will, ist man nur so lange beliebt, wie man noch Leckerlis hat.

Ursache oder Symptom?

Der Schlüssel dazu, Probleme wirksam zu lösen, liegt darin, die *Ursache* eines Problems herauszufinden und sie zu beseitigen, anstatt nur einfach am Symptom herumzudoktern. Ist man ein mitfühlender und bewusster Reiter, wird einem auch klar, dass man nicht unbedingt seinen Hals riskieren und ein »gefährliches« Pferd »durch ein Problem hindurchreiten« muss. Es ist ja schön und gut, fest einzusitzen und ein widersetzliches Pferd so lange zu schlagen, bis es dahin geht, wo man es hinhaben will, aber damit beschäftigt man sich nur mit dem Symptom, während die Ursache in Rückenschmerzen oder scharfen Zahnhaken liegen kann. Solche Dinge können dazu führen, dass ein Pferd die Arbeit mit dem Schmerz verbindet, und diese Assoziation wird durch konsequentes Durchsetzen beim Reiten nicht verbessert. Dies wird die Sache sogar noch verschlimmern, weil dadurch die Schmerzen des Pferdes noch größer werden und ihm bestätigt wird, dass es absolut Recht hat, wenn es nicht kooperieren will.

Der Schmerzfaktor

Über 99% der Problempferde, die in meinen Stall kommen – viele von ihnen kommen als letzter Versuch zu mir, nachdem sie im Umgang und beim Reiten wirklich gefährlich geworden sind – haben irgendein körperliches Problem, das sie gezwungen hat, sich extrem zu benehmen, um sich irgendwie Gehör zu verschaffen. Das kann durchaus damit angefangen haben, dass sie nur ein verdrossenes Gesicht gemacht oder mit dem Schweif geschlagen haben; als aber ihr Mensch diese leisen Hinweise darauf, dass irgend etwas nicht stimmt, ignorierte, waren sie gezwungen, drastischere Maßnahmen zu ergreifen, die in einer handfesten Schlacht endeten. Ein Pferd, das Schmerzen hat, kann sich völlig rücksichtslos gebärden – und ganz egal, wie viel Erfahrung man hat, rauben solche Schlachten einem den Nerv. Im besten Falle hat man keinen Spaß mehr mit dem Pferd, im schlimmsten Falle handelt man sich schwere Verletzungen ein.

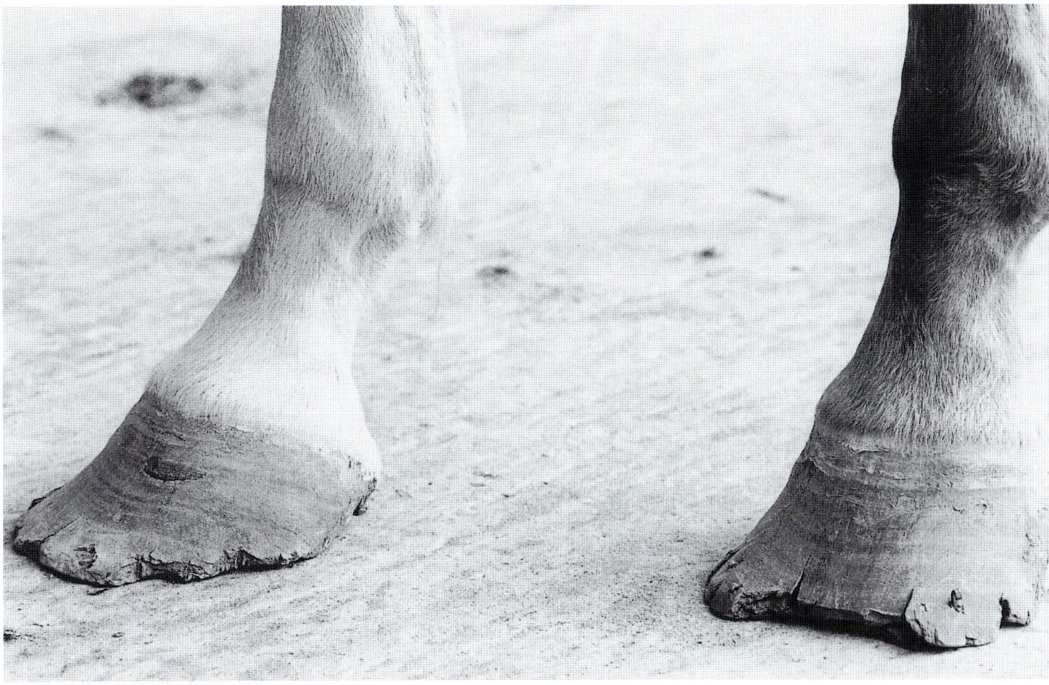

Gute Pflege spielt eine wichtige Rolle, wenn ein Pferd sein Bestes geben und sich nicht gegen die Arbeit wehren soll. Diese Hufe müssen von einem Schmied behandelt werden, bevor sich schmerzhafte Hornspalten bilden.

Ein Pferd versteht Schmerz nicht so wie ein Mensch, und es versteht auch nicht, was den Schmerz verursacht. Es kann auch nicht versuchen, seine Arbeit anders zu gestalten – dafür muss es sich auf den Menschen verlassen. Es liegt in der Verantwortung des Menschen, für das Pferd zu handeln und sicherzustellen, dass das Pferd so glücklich und angenehm wie möglich leben kann, bis das Problem abgestellt ist. Pferde sind keine Hypochonder – wenn sie sagen, dass etwas weh tut, muss man ihnen glauben, auch wenn man die Ursache nicht sofort erkennen kann. Ebenso wie Menschen haben auch Pferde unterschiedliche hohe Toleranzschwellen für Schmerzen. Manche schlagen Alarm, wenn ein Muskel ein wenig ziept, und hinken voller Selbstmitleid umher, während andere tapfer weiter ihren Dienst tun und dabei beträchtliche Schmerzen aushalten, so lange sie können. Man muss wissen, was für das eigene Pferd normal ist, und entsprechend handeln.

Ironischerweise können es gerade die ehrlichsten und willigsten Pferde sein, die als Problempferde die schwierigsten Fälle werden, weil sie dem Menschen zu Gefallen sein wollen und deswegen ihr Bedürfnis, sich über die Schmerzen zu beklagen, unterdrücken. Solche Pferde können jahrelang leiden, ohne sich etwas anmerken zu lassen, bis sie einfach nicht mehr können. Weil sie aber eine so langfristige Erinnerung an Schmerzen haben, kann es bei solchen Pferden viel länger dauern, bis sie vergeben und vergessen, wenn sie dann bei mir gelandet sind.

Hat mein Pferd Schmerzen?

Im Folgenden sind einige der typischsten Anzeichen für Schmerzen oder Unbehagen beim Pferd aufgelistet. Leider sind viele dieser Anzeichen in vielen Ställen täglich zu sehen und werden nicht beachtet.

Beobachten Sie Ihr frei laufendes Pferd: Bewegt es sich frei und ungezwungen, scheint es an seiner Umwelt interessiert und grast es mehr oder weniger ständig? Kann es sich leicht auf beiden Seiten zum Wälzen hinlegen und wieder aufstehen, oder wälzt es sich immer nur auf einer Seite? Geht es beim Galoppieren auf der Koppel mal im Links- und mal im Rechtsgalopp und springt es einen fliegenden Wechsel, wenn es die Richtung wechselt? Wenn die Antwort auf eine dieser Fragen Nein lautet, könnte es Schmerzen haben, die sich sogar ohne das Gewicht eines Reiters äußern.

Dreht das Pferd Ihnen das Hinterteil zu oder weicht es in den hinteren Boxenteil aus, wenn Sie seine Box betreten? Verzieht es das Gesicht oder schlägt es mit dem Schweif, wenn Sie mit dem Sattelzeug kommen oder die Decke wechseln? Weicht es beim Putzen aus? Öffnet es das Maul nur widerwillig, um sich das Gebiss einlegen zu lassen? Schüttelt es den Kopf selbst dann, wenn gar keine Fliegen da sind? Die Antworten sollten Nein lauten.

Versucht das Pferd, zur Seite auszuweichen, wenn Sie aufsitzen wollen? Kaut es übermäßig oder gar nicht auf dem Gebiss? Hält es den Kopf schräg? Geht es auf einer Hand schlechter, oder findet es beispielsweise den Rechtsgalopp schwieriger als den Linksgalopp? Kommt es manchmal vor, dass es buckelt, auf Hindernisse zustürmt oder den Sprung verweigert? Wird es widersetzlich, wenn es seine Box oder den Hof verlassen soll? Wenn die Antwort auf eine dieser Fragen Ja lautet, könnte das Pferd ein Problem haben, das mit Zahn- oder Rückenschmerzen zusammenhängt.

Zähne und Rücken

Ich fange bei einem sogenannten Problempferd nie mit der Arbeit an, bevor das Tier nicht von einem guten Chiropraktiker und einem spezialisierten Pferdezahnarzt untersucht wurde. Oft ist dem Pferd nach der Behandlung die Erleichterung anzusehen, und sehr oft ändert sich sein Verhalten über Nacht. Man muss dazu sagen, dass es eine ganze Menge von sogenannten Zahn- und Rückenspezialisten gibt, die sich um zahllose Pferde kümmern, zur Problemlösung aber offensichtlich gar nichts beitragen. Leider streichen die Pferdebesitzer dann oft die Möglichkeit »Schmerz« aus ihrer Liste möglicher Ursachen für das Fehlverhalten oder den Leistungsabfall, weil sie – zu Recht – davon ausgehen, dass der sogenannte Fachmann das Problem gelöst hat. Jeder besorgte Besitzer, der mir ein Problempferd schickt, versichert mir, dass er Zähne und Rücken des Pferdes hat überprüfen lassen – aber von wem? Die Spezialisten, mit denen ich zusammenarbeite, Andy Andrews und Robin Abel-Smith, sind meist entsetzt über das, was sie bei Pferden finden, die angeblich bereits behandelt wurden.

Das ist eine schwierige Situation, in der mir nicht nur die Pferde leid tun, sondern ebenso die Besitzer, die ehrlich glauben, dass sie für ihre Tiere alles getan haben, was machbar war. Ich weiß nicht, wie dies Problem behoben werden kann, denn derzeit gibt es einfach nicht genug vertrauenswürdige Spezialisten, so dass die Quacksalber immer noch überwiegen. Trotzdem gibt es einige Punkte, auf die man bei der Auswahl seines Pferdespezialisten achten kann. Ein Pferdezahnarzt beispielsweise sollte nicht nur mit einer einzigen Raspel im Stall auftauchen, sondern mit einer größeren Auswahl an guten, sauberen Raspeln und Schneidzangen. Er sollte immer einen Maulkeil oder ein Maulgatter benutzen, um das Maul des Pferdes offen zu halten, und er sollte dem Besitzer erlauben, vor und nach der Behandlung die Zähne des Pferdes abzutasten, wobei er ausführlich erklären sollte, wo Probleme auftauchen können. Schließlich sollte er Interesse für das zeigen, was der Besitzer ihm über das Pferd erzählen kann: über seine Fressgewohnheiten, wie es das Gebiss annimmt, wie es unter dem Sattel den Kopf hält. Wolfszähne und Zahnhaken sollten entfernt werden, und der Zahnarzt sollte bis in den hintersten Teil des Pferdemauls vordringen. Er sollte sich Zeit lassen und für seine Dienste ein angemessenes Honorar verlangen – ist er sehr billig, sollte man vorsichtig sein! Bei korrekter Behandlung muss man bei den meisten Pferden außer den ganz jungen und den ganz alten nur einmal im Jahr die Zähne nachsehen lassen.

Einen Pferde-Physiotherapeuten oder Pferde-Chiropraktiker zu beurteilen, ist schon schwieriger, aber auch diese Leute sollten am gesamten Pferd interessiert sein – Fütterung, Gang, Ausrüstung, Bewegungsmanier usw. – anstatt sich nur auf die Stelle zu konzentrieren, an der das Problem zu sitzen scheint. Meinen Erfahrungen nach befindet sich der Problembereich nur selten in der Sattellage, weil dies ein extrem starker Teil des Pferderückens ist, in dem die Wirbelsäule von dicken Muskelschichten geschützt wird. Aus diesem Grunde kann ein Physiotherapeut dort auch herumschieben und herumklatschen, so viel er will, er wird an dieser Stelle die Wirbelsäule nicht wieder geraderichten können. Selbst wenn das Bewegungsverhalten des Pferdes oft auf ein Problem in

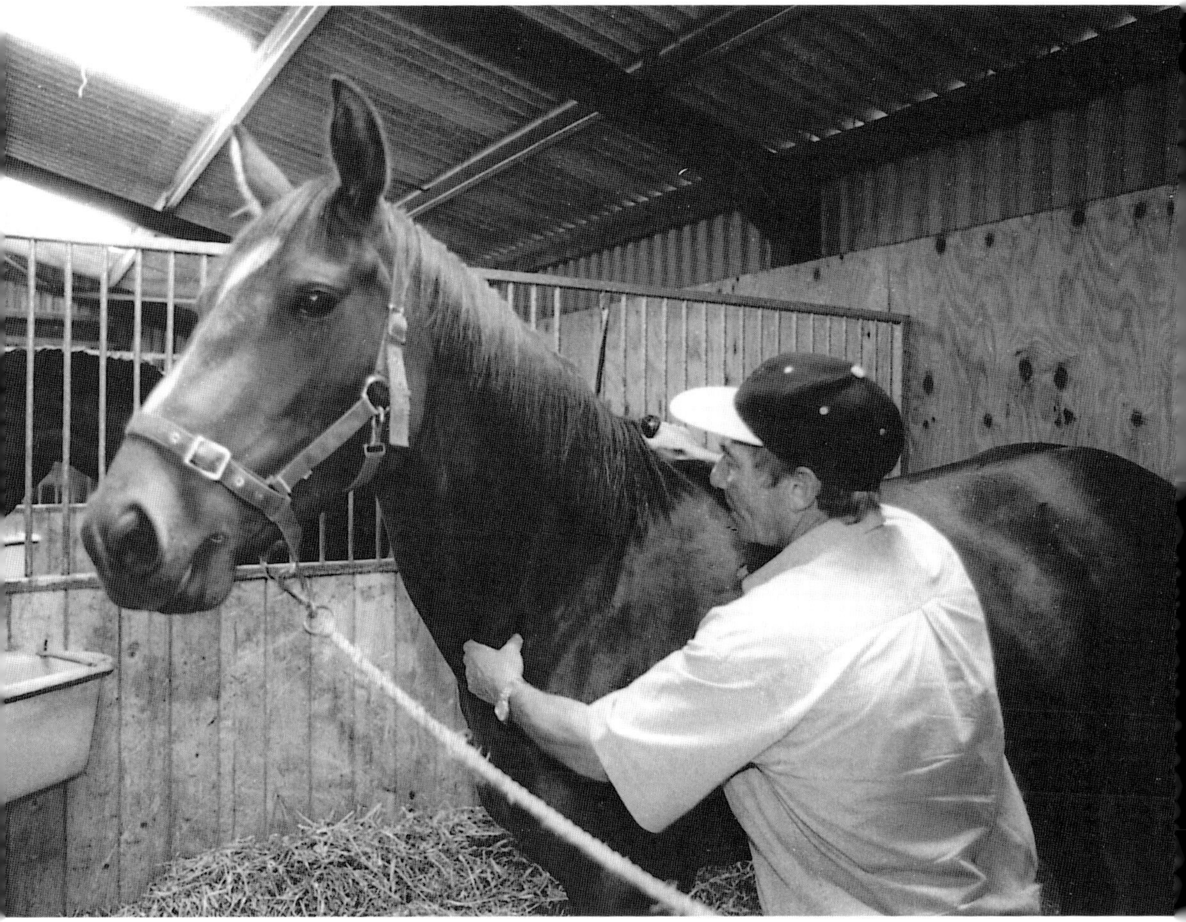

Andy Andrews prüft, ob Verspannungen vorliegen, die zu schlechter Kommunikation und mangelnder Kooperation des Pferdes führen können, wenn sie nicht behandelt werden.

der Sattellage hinzuweisen scheint, liegt die Quelle des Problems häufiger im Hals oder im Becken, von wo aus der Schmerz unter dem Gewicht eines Reiters in die Sattellage ausstrahlt.

Ein Pferd muss keinen schweren Sturz oder Unfall erleiden, um an Hals oder Becken Schäden davonzutragen. Es reicht durchaus aus, wenn es auf der Weide ausrutscht, stolpert, heftig mit anderen Pferden rangelt oder sich einfach nur wälzt und ein wenig ungeschickt aufsteht. All dies kann einen ständigen Schmerz erzeugen, der beträchtliches Unbehagen verursachen kann, weil das Pferd sich entsprechend steif macht und den Schmerz auszugleichen versucht, wenn es gearbeitet wird. Vielleicht merkt man, dass das Pferd auf einer Hand viel steifer zu sein scheint, im Viertakt galoppiert oder auf der einen Hand lieber im Galopp geht als auf der anderen. Am anderen Ende der Skala kann ein Pferd mit Schmerzen an Hindernissen verweigern oder darauf zurasen, steigen oder widersetzlich werden. Um ein solches Verhalten zu korrigieren, muss man mehr tun, als nur korrekt Dressur zu reiten.

Je nach Art des Problems muss man vielleicht auch über das Pferd selbst hinaussehen, um die Quelle seines Unbehagens zu finden – aber ich kann versichern, dass die Antwort irgendwo zu finden ist, wenn man intensiv genug danach sucht. Wenn ein Pferd sich beispielsweise nicht verladen lässt: hat es einmal eine schlimme Fahrt mitgemacht, oder hat es Platzangst? Wenn es sich die

Decken herunterreißt: ist ihm vielleicht einfach zu warm? Schließlich muss das Pferd selbst beurteilen, ob ihm etwas weh tut oder nicht, und dabei muss man im Zweifelsfalle immer zugunsten des Angeklagten urteilen. Ganz egal, wie viele Fachleute den Rücken und die Zähne des Pferdes überprüft haben – wenn es sagt, dass ihm etwas wehtut und es sich nicht wohl fühlt, dann hat es das bestimmt nicht einfach nur erfunden!

Auf zum Reiten

Sobald Sie die Schmerzen wirklich abgestellt haben, können Sie darangehen, die Geschichte zu verändern! Es gilt nicht nur, den Schmerz zu beseitigen, sondern auch die Erinnerung an diesen Schmerz und die gewohnheitsmäßige Reaktion des Pferdes darauf zu überwinden. Wenn Sie eine Verletzung hatten, wegen der Sie einige Wochen lang schief sitzen mussten, werden Sie auch dann noch schief sitzen, wenn die Verletzung abgeheilt ist. Das liegt erstens an der Gewohnheit und zweitens daran, dass die entsprechenden Muskeln sich ungleich entwickelt haben werden, weil sie ja die Verletzung ausgleichen mussten. Daran müssen Sie denken, wenn Sie mit Ihrem Problempferd eine ›Rehabilitation‹ durchführen. Bedenken Sie außerdem, dass das Pferd um so länger brauchen wird, um über ein Problem hinwegzukommen, je länger es damit zu tun hatte. Vielleicht müssen Sie sich auch damit zufrieden geben, das Problem auf eine handhabbare Dimension zu reduzieren, anstatt es völlig abzuschaffen.

Wenn Ihr eigenes Selbstbewusstsein durch das unerklärliche Verhalten des Pferdes gelitten hat, möchten Sie es vielleicht verständlicherweise nicht mehr reiten, bis Sie sicher sind, dass Sie dem Pferd wieder trauen können. Verhaltensprobleme löst man mit ruhiger Selbstsicherheit, nicht mit Heldentum. Wenn Sie also nicht absolut entschlossen und überzeugt sind, diese leidige Angelegenheit bis zum Ende auszutragen, sollten Sie einen anderen kompetenten Reiter oder Ausbilder bitten, die Sache für eine Weile zu übernehmen. Betrachten Sie dies nicht als persönliches Versagen; es ist ganz einfach gesunder Menschenverstand, und es ist auch fairer für Sie und das Pferd. Sie können sich selber etwas vormachen, nicht aber dem Pferd! Pferde sind meist sehr gut darin, den seelischen Zustand ihres Menschen zu interpretieren, und im Falle von Korrekturpferden ist da ganz sicher kein Raum für Zweifel. Wenn der Reiter sich nicht sicher ist, sollte er erst zu einem späteren Zeitpunkt wieder mit diesem Pferd umgehen. Wenn ein Pferd glauben soll, dass Sie in der Lage sind, sein Problem zu lösen, dann müssen Sie dies erst einmal selbst glauben.

Die Angst überwinden

Die Liste der Probleme, die Menschen mit ihren Pferden sowohl unter dem Sattel als auch an der Hand haben können, ist endlos, aber das Prinzip für den Umgang mit diesen Problemen ist immer dasselbe: körperliches Unbehagen muss ausgeschaltet werden, danach gilt es, wieder gegenseitiges Vertrauen und gegenseitigen Respekt aufzubauen. Das Pferd muss begreifen, dass der Mensch sein Freund ist und es nicht durch Zwang dominieren will, dass er aber die entscheidende Stimme hat, wenn Pferd und Mensch sich an den Verhandlungstisch setzen.

Erarbeiten Sie einen guten Join-up mit dem Pferd und vergewissern Sie sich, dass es seinen Respekt für Ihre Individualdistanz behält, indem Sie seine Umgangsformen beim Führen am Halfter wieder auf Vordermann bringen (siehe Kapitel 4). Wenn Sie dem Pferd wichtige Fragen stellen, achten Sie sehr genau darauf, dies höflich zu tun – Ihre Haltung muss immer ausdrücken »würdest du bitte« und nicht »du musst jetzt«, wenn Sie das Pferd zu etwas auffordern. Fragt man höflich, ist die Chance größer, eine höfliche Antwort zu bekommen.

Es gibt einen sehr guten Grund dafür, warum ein Korrekturpferd, das mit der ›Rehabilitation‹ beginnt, seinen Ausbilder respektieren und ihm vertrauen muss: sehr bald wird dieser es auffordern, sich seiner Angst zu stellen, indem er es in genau die Situation bringt, die es fürchtet. Es wird nur dann bereit sein, seinen ganzen Mut zusammenzunehmen und einen Versuch zu machen, wenn es das Gefühl hat, dass der Mensch sein Verbündeter ist. Wenn sich ein Pferd beispielsweise dagegen sträubt, in den Hänger zu gehen, ist dies genau das, was es mit Ihnen üben muss, wieder und wieder,

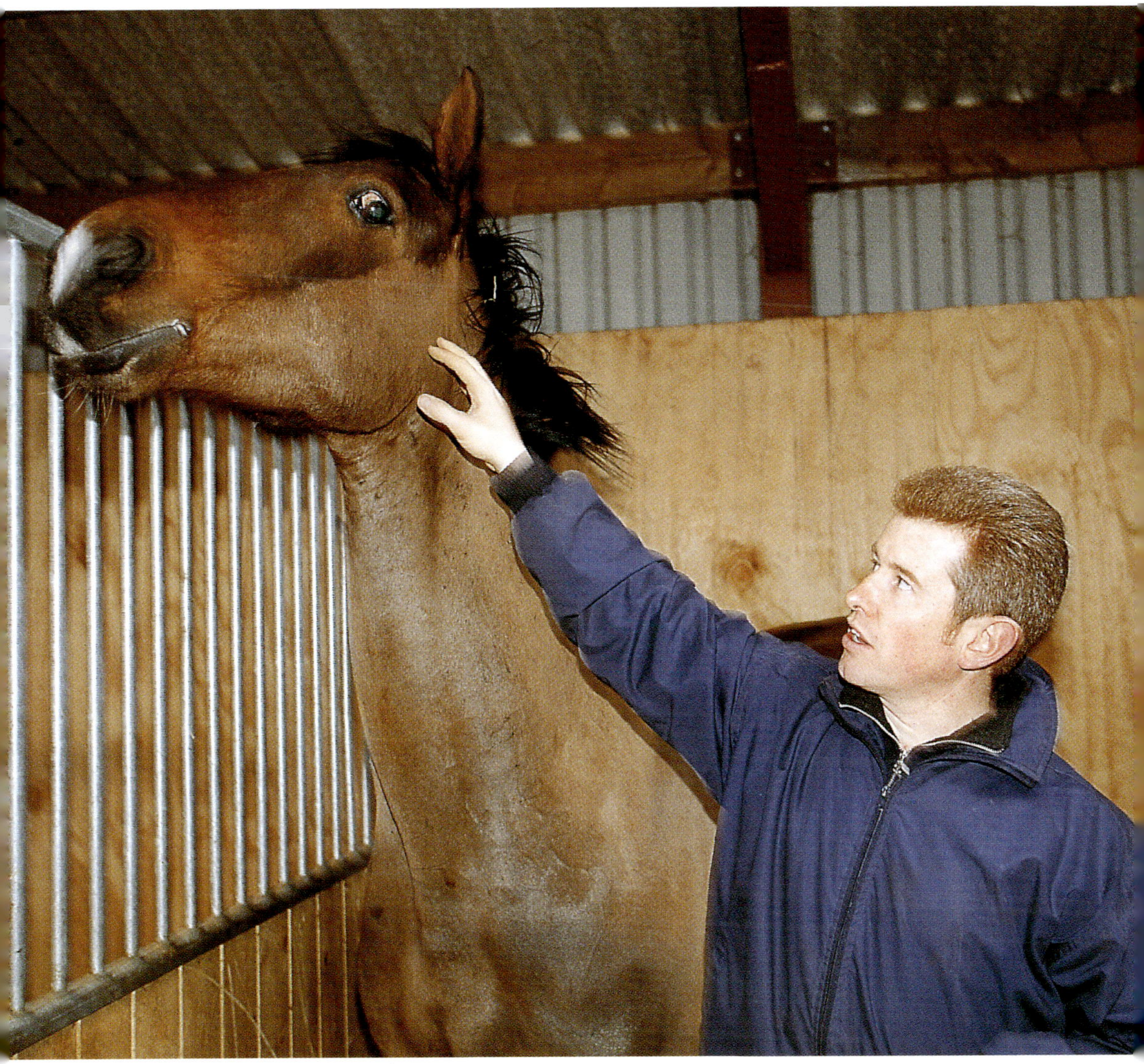

Ist dieses Pferd kopfscheu oder weicht es einfach nur der Berührung aus? Es ist wichtig, den Unterschied zu erkennen, damit man mit der Situation angemessen umgehen kann.

bis dem Pferd klar wird, dass es da eigentlich wirklich nichts gibt, worüber es sich aufregen müsste. Weil Sie ihm immer wieder sagen, wie schlau es doch ist und dass Sie sein Freund sind, dem das Pferd gefallen will, fängt es vielleicht sogar an, Spaß daran zu finden!

Beginnen Sie, indem Sie das Pferd in einigem Abstand von der Problemstelle neu schulen. Bei einem Pferd, das sich nur mühsam verladen lässt, bedeutet das, dass es jeder Ihrer Bewegungen folgen muss und so viel Respekt vor dem Halfter bekommt, dass es Ihnen selbst ohne Führstrick folgt. Bei widersetzlichen und klebenden Pferden bedeutet es, dass das Pferd gut auf den Schenkel reagieren und die Hilfen zum Vorwärtsgehen ohne jeden Zweifel verstanden haben muss, bevor man es zum Verlassen des Hofes auffordert – und so weiter.

RICHARD MAXWELL

◀ *Welche Gründe das Pferd auch immer dafür hat, nicht in den Lastwagen gehen zu wollen – es wird seine Angst nur überwinden, wenn es hineingeht und merkt, dass es gar nicht so schlimm ist, wie es dachte.*

▼ *Unten links und unten: Ich habe das Pferd von der Stelle weggebracht, an der das Problem aufgetaucht ist – dem Lastwagen – und erinnere es daran, dass es den leisesten Druck des Halfters respektieren und darauf reagieren muss. Schon bald folgt es jeder meiner Bewegungen und sorgt von sich aus dafür, dass der Führstrick immer leicht durchhängt.*

▼ *Unten rechts: Diese Lektion wird ein wenig später auf die Probe gestellt, als wir auf die Rampe des Lastwagens zugehen. Vom Standpunkt des Pferdes aus treffen dieselben Regeln zu wie vorhin: es reagiert auf den Druck seines Halfters und lässt sich problemlos verladen. Wenige Minuten später folgte dieses Pferd mir ohne Halfter die Rampe hinauf.*

Die letzte Hürde

Sobald Sie beide Ihre Hausaufgaben gemacht haben, muss das Pferd in genau die Situation gebracht werden, die es schwierig findet – es muss sich seiner Angst stellen. Nur wenn es schließlich auf den Hänger geht oder allein den Hof verläßt, wird es merken, dass es das kann und dass es nicht wehtut – so lange, bis schließlich die neuen Angewohnheiten die alten überlagern. Denken Sie nur einmal daran, wie sich ein Mensch fühlt, wenn er eine langgehegte Angst überwunden hat – beispielsweise, wenn man als Kind zum ersten Mal vom Fünfmeterbrett springt, oder wenn man aufstehen und vor vielen Leuten eine Rede halten muss, wenn man sich allein in einer fremden Stadt zurechtfinden oder eine riesige Spinne aus dem Bad entfernen muss... Sobald man sich seiner Angst gestellt und die Sache überlebt hat, ist man nicht nur erleichtert, sondern man erlebt ein Hochgefühl, ist stolz und zufrieden – und oft freut man sich sogar darauf, das Ganze so bald wie möglich wieder zu tun! Das Pferd erlebt ähnliche Gefühle, und so wird die Verbindung mit Ihnen, mit dem Freund, der ihm über seine Angst hinweggeholfen hat, noch verstärkt.

Hart bleiben

Wenn Sie sicher sind, dass das Pferd genau weiß, worum es geht, und dass es allen Grund hat, Ihnen zu vertrauen, es Ihre Anweisungen aber immer noch nicht befolgen will, dann haben Sie in diesem Stadium das Recht, ein wenig härter durchzugreifen. Ich bin Pferden begegnet, deren schlechte Angewohnheiten so eingefahren waren, dass sie das Spiel nicht mehr mitspielen konnten. Bei solchen Pferden muss man schon drastische Maßnahmen ergreifen, um sie wieder auf den rechten Weg zu bringen. Man muss härter mit ihnen umgehen und sie für ihre Handlungen selbst verantwortlich machen. Bekommt ein Pferd einen Wutanfall, wenn es etwas Bestimmtes tun soll, dann ist es das Pferd selbst, das eine unangenehme Situation schafft, und dann soll es sich dafür auch selbst bestrafen – stellen Sie sich in aller Ruhe hin und lassen es sich austoben, bevor Sie Ihre Frage nochmals stellen. Sie müssen *immer* freundlich fragen, auch wenn die Antworten, die Sie bekommen, nicht allzu höflich sind! Denken Sie nur einmal an ein hysterisches Kind. Wenn man ihm eine Ohrfeige gibt, wird alles nur noch schlimmer, und durch Nachgeben würde man das Fehlverhalten belohnen. Wenn man aber genügend Geduld aufbringt, um das Kind sich ausweinen zu lassen, hat man hinterher ein viel ruhigeres und kooperatives Wesen vor sich.

Dies habe ich schon oft mit Pferden erlebt, die sich konsequent weigern, sich verladen zu lassen. Solche Pferde schlagen nach mir, wenden blitzschnell auf der Hinterhand, steigen und legen sich sogar am Fuß der Rampe hin, anstatt die Rampe hinaufzugehen und so an Gesicht zu verlieren. Sich mit diesem Verhalten bis zum bitteren Ende auseinander zu setzen, kann für den Ausbilder sehr anstrengend sein. So etwas kann Stunden dauern, und außerdem ist es sehr beängstigend. Das einzig Gute daran ist das Wissen, dass das Benehmen des Pferdes um so schlimmer wird, je näher es daran ist, endgültig nachzugeben. Dies ist eine Art dramatische Schlussszene, die den Menschen bis an seine Grenzen führt, um zu testen, ob er sich als Mannschaftsführer würdig erweist.

Um so hart bleiben zu können, müssen Sie die Situation gut einschätzen können, Geduld haben und sich Ihrer selbst völlig sicher sein, damit Sie die Sache nicht noch schlimmer machen und das Pferd einen Schritt zurückwerfen. Dazu brauchen Sie kein Experte zu sein; Sie müssen nur Ihr eigenes Pferd kennen und interpretieren können, was es Ihnen zu sagen versucht.

Korrektur des Besitzers

Es sind nicht nur die Pferde, die ihrer Angst ins Auge sehen müssen, um mit einem Problem fertig zu werden, sondern auch die Besitzer! Nachdem ich einige Zeit mit der Korrektur eines Problempferdes verbracht habe, bestehe ich darauf, dass der Besitzer eine Weile mit seinem Pferd auf meinem Hof arbeitet, bis auch er wieder sicher im Umgang mit dem Pferd geworden ist und die beiden ohne meine Hilfe zurecht kommen. Das ist für beide Parteien gar nicht so einfach, denn oft haben die Besitzer eine furchtbare Zeit hinter sich, in der sie versucht haben, allein mit dem Problem fertig zu werden, bevor sie das Pferd zu mir geschickt habean. Viel Vertrauen ist da meist nicht übrig geblieben. Wenn also das Pferd wieder nach Hause kommt, ist das gegenseitige Vertrauen erst einmal auf dem Tiefstand – und das genau dann, wenn die beiden eigentlich eine auf Vertrauen und Selbstvertrauen basierende Beziehung bräuchten, um gemeinsam neu anzufangen. Es ist unbedingt nötig, die Partnerschaft wieder auf eine feste Basis zu stellen, wenn Verhaltensprobleme erfolgreich und dauerhaft behandelt werden sollen.

Wie jeder Reiter weiß, verhalten sich Pferde nur eine gewisse Zeitlang mustergültig, bis sie einen neuen Menschen oder eine neue Situation auf die Probe stellen wollen. Jeder, der mit einem Pferd umgeht, muss nicht nur das Pferd zur Disziplin anhalten, sondern auch sich selbst. Nur zu leicht erliegt man der Versuchung, die Sache mit der festen Hand von Zeit zu Zeit einmal zu lassen und den leichteren Weg zu wählen, indem man dem Pferd nachgibt -das jedoch ist wirklich nicht fair. Pferde wissen gern, wo ihre Grenzen sind, und das Leben ist viel leichter, wenn das Pferd genau weiß, dass »Nein« wirklich »Nein« bedeutet und nicht »Vielleicht«. Daher müssen Sie immer in Schwarz und Weiß denken, wenn Sie mit Ihrem Pferd umgehen, und dürfen nicht zulassen, dass Grauzonen entstehen.

Ebenso, wie man versuchen muss, die Psyche und die Körpersprache des Pferdes besser zu ver-

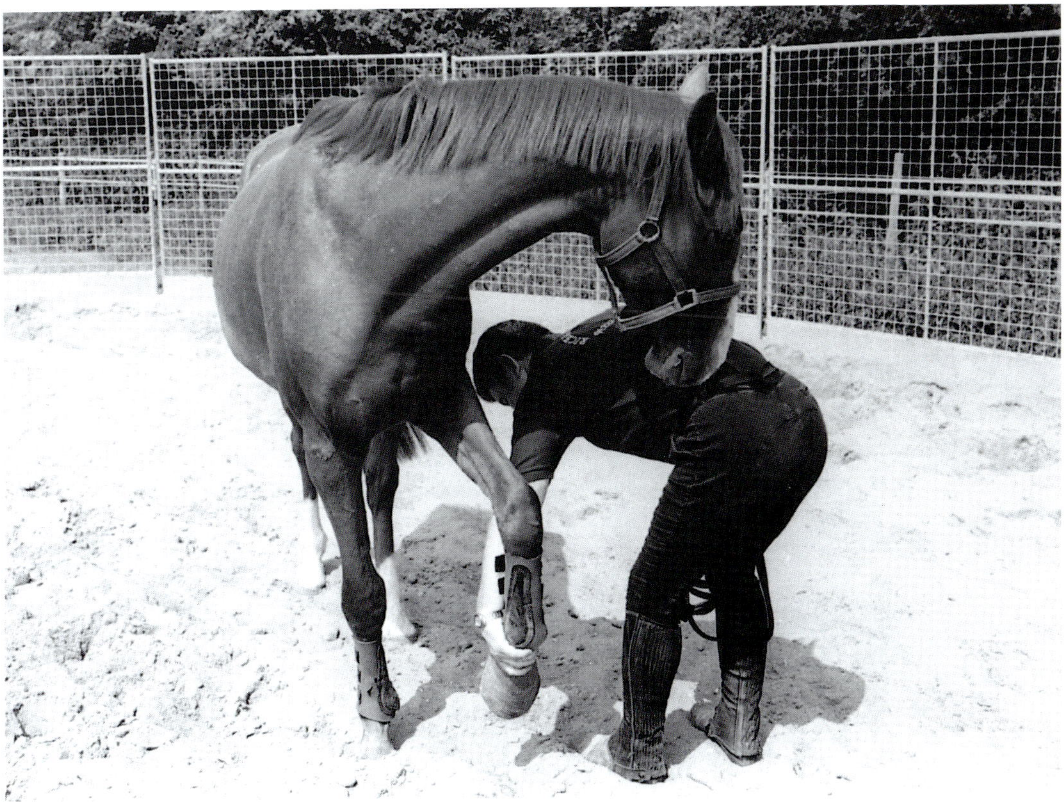

▲ *Vertrauen und Selbstvertrauen des Pferdes werden gestärkt, wenn man sich mit den verletzlichen Bereichen befasst. Als Fluchttier fällt es einem Pferd besonders schwer, sich selbst zu ›verkrüppeln‹, indem es sich auf drei Beine stellt. Wenn es also einen Huf hochheben lässt, ist dies wirklich ein großes Zugeständnis an den Menschen.*

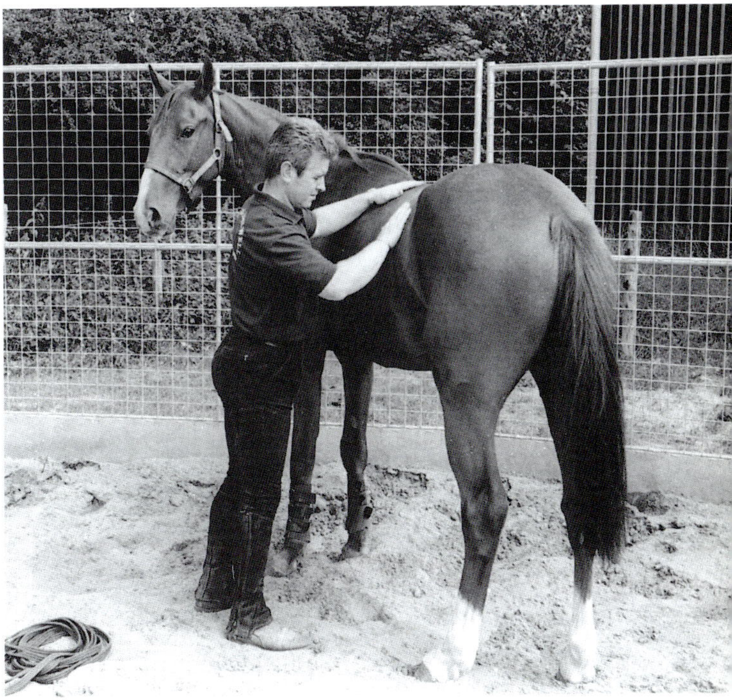

▶ *Der Lendenbereich ist ein weiterer verletzlicher Bereich, wo sich in der Wildnis Raubtiere festbeißen können.*

stehen, damit das Problem nicht wieder auftauchen kann, sollte man sich über seine eigenen Fähigkeiten im Klaren sein. Könnte das Problem ursprünglich durch gefühlloses Reiten oder durch falsche Behandlung hervorgerufen worden sein? Wenn der Besitzer nicht kuriert ist, wird auch das Pferd nicht kuriert sein.

▲ *Logische und vernünftige Behandlung ist der Schlüssel zur Problemlösung. Dieses Pferd war kopfscheu und ließ sich allgemein leicht erschrecken. Also zwangen wir es, sich seinen Ängsten zu stellen, indem wir in der gesamten Box bunte Papiersäcke und raschelnde Papierstücke in Kopfhöhe aufhängten. Es konnte sich nicht bewegen, ohne dagegen zu stoßen! Das Pferd brauchte einen ganzen Tag, bis es den Mut aufbrachte, zu seinem Futter und der Tränke vorzustoßen. Meiner Meinung nach ist es aber schlimmer, ein Pferd weiterhin in furchtbarer Angst vor allem, was rund um seinen Kopf ist, leben zu lassen, wenn man dieses Problem lösen und das Pferd so weit bringen kann, dass es seinen Irrtum erkennt. Auf die Dauer wird das Leben für dieses Pferd viel lebenswerter sein.*

▶ *Futtersäcke, die in der Box aufgehängt sind, machen ein ängstliches Pferd weniger sensibel.*

• • • AUF EINEN BLICK • • •

- *Bringen Sie niemals ein Pferd mit Schlägen, Bestechungen oder Betteln dazu, zu kooperieren. Eine logische Behandlung ist wesentlich wirkungsvoller.*
- *Wenn ein Pferd nicht mitmacht oder sehr aggressiv wird, sollten Sie vermuten, dass Schmerz die Ursache hierfür ist. Solches Verhalten liegt nicht in der Natur des Pferdes.*
- *Schätzen Sie Ihre eigenen Fähigkeiten objektiv ein, ehe Sie es mit einem Problempferd aufnehmen.*
- *Das Pferd vergibt kleine Fehler durchaus, wenn man sich sofort entschuldigt. Um sein Vertrauen wieder zu gewinnen, können Sie in der Ausbildung vorübergehend einen Schritt zurück gehen.*
- *Wenn Sie planen, ein negatives Verhaltensmuster bei einem Pferd zu durchbrechen, müssen Sie wirklich absolut dazu entschlossen sein. Dazu gehört viel Selbstdisziplin, doch das Pferd darf mit einer schlechten Angewohnheit wirklich nicht ein einziges Mal durchkommen.*
- *Es ist immer gut, sich beraten zu lassen; wenn Sie Ihr Pferd gut kennen, sollten Sie jedoch auch auf Ihre innere Stimme hören.*
- *Helfen Sie dem Pferd, sich seinen Ängsten zu stellen, indem Sie es so oft wie möglich damit konfrontieren.*
- *Geben Sie nicht allzu schnell dem Pferd die Schuld, wenn etwas schief geht. Es gibt mehr Problembesitzer als Problempferde.*
- *Wenn das Verhalten Ihres Pferdes dazu führt, dass Sie Ihr Selbstvertrauen verlieren, geben Sie das Pferd lieber früher als später an jemanden ab, der damit besser umgehen kann.*
- *Betrachten Sie jedes Problem als eine Gelegenheit, zu lernen und Ihre Beziehung mit dem Pferd zu vertiefen.*

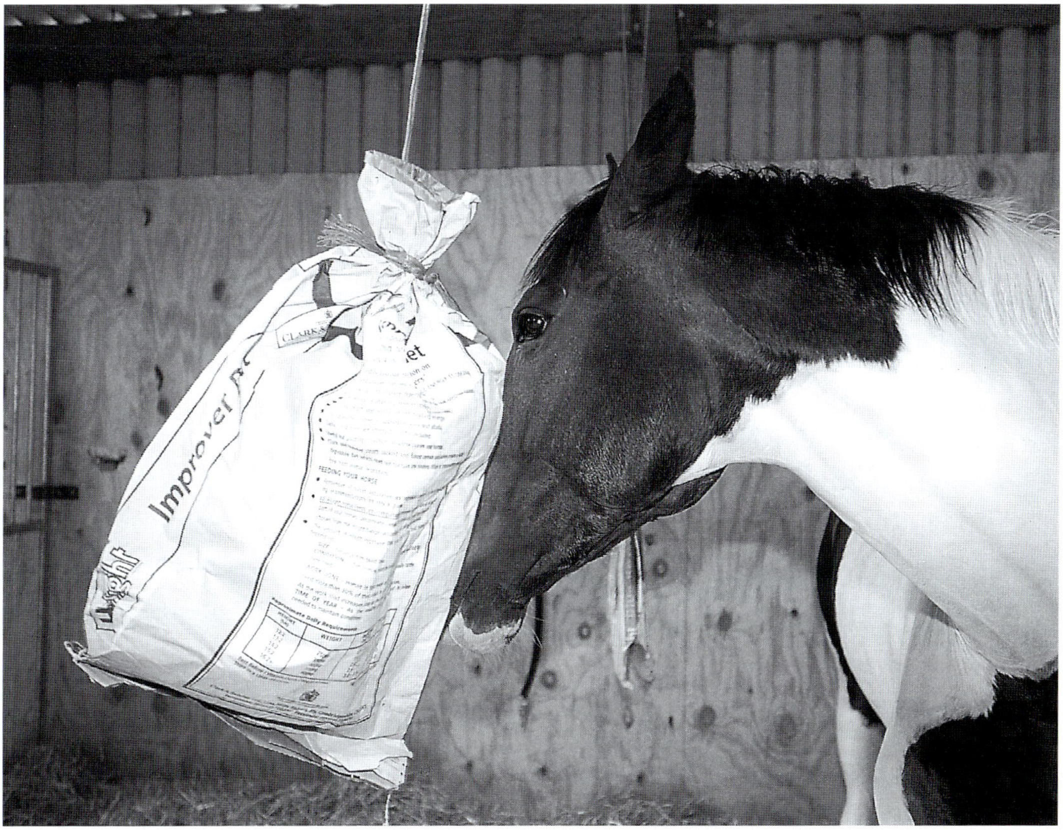

Kapitel 11
Häufige Probleme und ihre Lösungen

Im Sattel

Es heißt immer, man bräuchte sehr viel Erfahrung, bevor man es mit einem jungen Pferd versucht. Wie viel Erfahrung reicht aus?

Max antwortet: Zeit, Geduld, gesunder Menschenverstand und eine intelligente und einfühlsame Behandlung können einen Mangel an Erfahrung ausgleichen. Jeder, der im Umgang mit älteren Pferden sicher ist und über erfahrene Bekannte verfügt, die ihm mit Rat und Tat zur Seite stehen, kann Spaß an einem Jungpferd haben. Wenn Sie allerdings an Ihrer eigenen Erfahrung zweifeln, wird es Ihnen leichter fallen, mit einem Jungpferd Fortschritte zu machen, das von Natur aus recht selbstsicher und unbeeindruckt bleibt und seit seiner Geburt richtig behandelt wurde.

Sollte ich von vornherein in einen guten Sattel für mein junges Pferd investieren, oder tut es für das Einreiten auch ein alter Sattel?

Max antwortet: Wenn es sein muss, benutzen Sie einen alten Sattel, aber nur für einige Tage. Sobald das Pferd angeritten ist und mehr Zeit mit dem Reiter im Sattel verbringt, ist es ungeheuer wichtig,

Ein lebhaftes Fohlen – wird es seinen Menschen überfordern?

***Ein Reactorpanel-Sattel* (Your Horse-Magazine).**

einen gut passenden Sattel zu verwenden. Das Pferd darf sich nie aufgrund der Ausrüstung, die es trägt, unwohl fühlen, weil es sonst nur widerwillig vorwärts geht und den Aufforderungen seines Reiters ungern Folge leistet – und natürlich wird es dieses Unbehagen mit Ihnen assoziieren. Der Unwille und die Verspannung schaukeln sich auf, bis Sie es mit einem echten Problem zu tun haben. In diesem frühen Stadium des Pferdelebens ist es wichtiger denn je, dass jede Erfahrung mit dem Geritten-Werden möglichst positiv verlaufen sollte. Wenn das Pferd wächst und sich dadurch auch seine Gestalt verändert, werden Sie wahrscheinlich auch den Sattel anpassen müssen, aber dies ist eine notwendige Ausgabe, die man mit ins Budget einpla-

***Gewöhnen Sie Ihr Jungpferd erst daran, über bunte Stangen zu traben, bevor Sie es mit den ersten Sprüngen versuchen* (Your Horse-Magazine).**

nen muss, wenn man ein junges Pferd kauft. Eine Möglichkeit ist auch, aus zweiter Hand zu kaufen oder etwas von Freunden zu borgen. Ich verwende »Reactorpanel«-Sättel, die angepasst werden können, wenn die Gestalt des Pferd sich verändert.

Wie gewöhnt man ein Jungpferd am besten ans Springen? Auf dem Reitplatz und mit Stangen, oder beim Ausreiten im Gelände?

Max antwortet: Der erste Schritt besteht darin, dass Sie das Pferd an der Hand mit Stangen bekannt machen, wobei Sie es anfangs am Stallhalfter führen und später an der Doppellonge über die Stangen arbeiten.

Wenn Sie danach einen geeigneten, eingezäunten Platz finden, der ein gutes Geläuf aufweist, ist Freispringen eine ausgezeichnete Möglichkeit, ein Jungpferd ans Springen zu gewöhnen, ohne dass es vom Reitergewicht behindert wird. Die Hindernisse sollten niedrig sein, damit das Pferd Vertrauen bekommt und das Gefühl hat, dass die ganze Sache Spaß macht und nicht in Stress ausartet.

Wenn Sie die Basisarbeit hinter sich gebracht haben und das Jungpferd auf ebenem Boden im Schritt, Trab und Galopp unter dem Reiter im Gleichgewicht bleibt und gut auf die Hilfen reagiert, gibt es eigentlich keinen Grund, warum Sie nun nicht von Zeit zu Zeit kleine Hindernisse auf dem Platz springen sollten. Kreuzsprünge eignen sich für den Anfang besonders gut, weil sie einladend wirken und das Pferd dazu ermuntern, in der Mitte zu springen. Wenn dann Selbstvertrauen

▲ *Gelassen und aufmerksam* (Your Horse-Magazine).

▶ *Ein Pferdezahnarzt sollte entsprechend qualifiziert sein.*

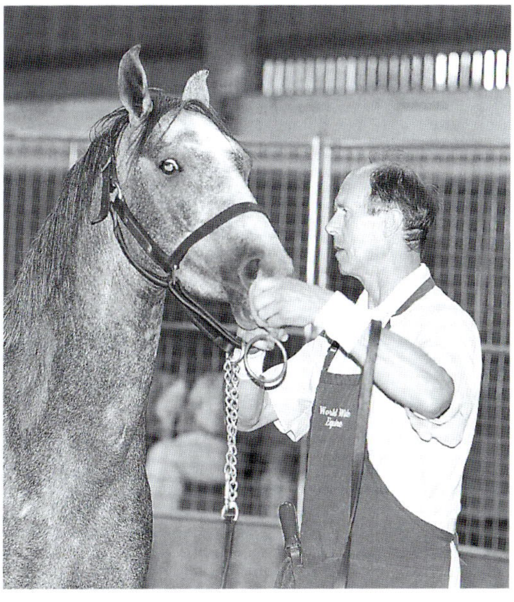

und Balance des Jungpferdes größer werden, können auch die Hindernisse höher werden.

Es ist keine gute Idee, das Springen beim Ausritt im Gelände einzuführen, weil alle Jungpferde beim Springenlernen Fehler machen. Wenn das Pferd einmal anschlägt, sind die Sprünge im Gelände fest und strafen es unangemessen stark für seinen Mut; außerdem kann der Reiter herunterfallen und so das ganze Erlebnis in eine ziemlich beängstigende und negative Erfahrung umkehren. So-

bald Pferd und Reiter auf dem Platz gut springen können, sollten sie auf jeden Fall auch beim Ausritt kleine Hindernisse ausprobieren, solange jemand dabei ist.

Was ist besser geeignet: eine Springgerte oder eine Dressurgerte?

Max antwortet: Ich würde weder das eine noch das andere bei einem Jungpferd verwenden! Ich würde immer ein Seilstück benutzen (siehe Kapitel 8). Dies lässt man hinter dem Reiterschenkel in einer Pendelbewegung von einer Seite auf die andere schnalzen, um ohne Schmerz oder Verwirrung eine Vorwärtsbewegung zu erzielen. Die Bewegung des Seils quer über den Widerrist des Pferdes macht es für das Pferd psychologisch ungemütlich, stehen zu bleiben, weil es die Bewegung auf beiden Seiten sehen kann. Sobald das Pferd sich vorwärts bewegt, hört man auf, das Seil zu benutzen, bis man spürt, dass das Pferd wieder anfängt, »nach hinten« zu denken.

Wenn ich mit meinem jungen Pferd an der Straße reite, scheut es vor allem Unbekannten, zum Beispiel vor Wirtshausschildern und Einfahrten. Wie kann ich ihm beibringen, problemlos an solchen Dingen vorbeizugehen?

Max antwortet: Sie sollten Ihr junges Pferd wirklich nicht mit auf die Straße nehmen, ehe es die Schenkelhilfen nicht verstanden hat und respektiert. Wenn Sie an einen Gegenstand heranreiten und spüren, dass das Pferd zu scheuen anfängt, drehen Sie seinen Kopf von dem angsteinflößenden Objekt weg und fordern es zum Vorwärts gehen auf. Erlauben Sie ihm nicht, sich nur noch auf das zu konzentrieren, wovor es Angst hat. Üben Sie zu Hause Schenkelweichen; Sie werden wahrscheinlich erstaunt sein, wie hilfreich das in solchen Situationen auf der Straße ist.

***»Wer ist denn das?« Man erweitert den Horizont seines Jungpferdes, wenn man auch einmal einen kompetenten Freund darauf reiten lässt* (Your Horse-Magazine).**

Mein dreijähriger schwerer Warmblüter legt sich stark auf die Hand, und ich habe Probleme, ihn nach dem Galopp wieder anzuhalten. Sein vorheriger Besitzer hat ihn mit einer einfach gebrochenen Olivenkopftrense geritten. Was soll ich tun – ein schärferes Gebiss wählen oder an seinen Manieren arbeiten?

Max antwortet: Zuerst sollten Sie seine Zähne von einem qualifizierten Pferdezahnarzt überprüfen lassen, weil im Maul des Pferdes in diesem Alter eine ganze Menge Veränderungen ablaufen. Bis es ungefähr fünf Jahre alt ist und alle bleibenden Zähne durchgebrochen sind, müssen die Zähne häufiger überprüft werden.

Wenn im Maul des Pferdes alles in Ordnung ist, gehen Sie einen Schritt zurück und stellen den Gehorsam gegenüber den Hilfen wieder her. Reiten Sie halbe Paraden, jede Menge Übergänge und Richtungswechsel, um das Pferd von der Vorhand herunterzubringen, sein Gleichgewicht zu verbessern und es davon abzubringen, sich auf die Reiterhand zu legen. Wenn es müde ist, wird es noch mehr auf die Vorhand fallen, deshalb sollten Sie die Stunden kurz und angenehm halten.

Ein Jungpferd neigt von Natur aus dazu, auf der Vorhand zu gehen, bis es so weit ausgebildet ist, dass es sich stärker versammelt und mehr Gewicht auf die Hinterhand legt. Ein schärferes Gebiss wird daran nichts ändern. Mit drei sollte es mit dem weichsten Gebiss geritten werden, das möglich ist.

Ist es gut, wenn ein Jungpferd immer wieder einmal von einem anderen Reiter geritten wird, oder verwirrt es so etwas nur? Ich wäre lieber die Einzige, die meinen Vierjährigen reitet, aber eine Freundin von mir meint, es wäre gut für seine Ausbildung, wenn er auch einmal von anderen Leuten geritten würde.

Max antwortet: Beide haben recht! Anfangs ist es gut für das Selbstvertrauen des Pferdes, wenn es nur von einer Person geritten wird. Außerdem stellen Sie so sicher, dass es in diesem frühen Stadium immer gleich geritten und behandelt wird, denn zu dieser Zeit versucht es ja noch angestrengt zu verstehen, was man von ihm will.

Sobald aber die Grundlagen klar sind, ist es ein wichtiger Teil der Ausbildung des Jungpferdes, dass es auch von anderen geritten wird – dies soll-

▲ *Erfahrene Unterstützung vom Boden aus ist bei einem Jungpferd von unschätzbarem Wert* (Your Horse-Magazine).

▶ *Eine einfache Korrektur sollte dem Pferd recht schnell klar machen, dass es beim Aufsitzen nicht loslaufen soll* (Your Horse-Magazine).

ten dann selbstsichere, kompetente und einfühlsame Reiter sein.

Jeder hat seine eigene Art, bestimmte Dinge zu tun, so dass man damit Eigenheiten ausbügeln kann, die durch Ihren Reitstil hervorgerufen wurden.

Mein Jungpferd stolpert beim Dressurreiten häufig. Woran könnte das liegen?

Max antwortet: Pferde stolpern aus verschiedenen Gründen. Sie können auf der Vorhand gehen, zu lange Zehen haben, einen schlecht sitzenden Reiter, einen schlecht passenden Sattel, oder sie können einfach schwach und müde sein. Sie müssen den Grund für das Stolpern Ihres Pferdes herausfinden, bevor Sie ein Heilmittel finden können. Sobald Sie die Ursache herausgefunden haben, können Sie wieder auf den Platz gehen und Korrektur reiten.

Beim dressurmäßigen Ausbilden ist die Qualität der wichtige Teil, nicht die Quantität, und es ist immer hilfreich, wenn Sie jemanden haben, der Ihnen vom Boden aus helfen kann. Sie müssen Ihr Pferd dazu bringen, dass es seinen Schub aus der Hinterhand holt, damit es besser ins Gleichgewicht kommt und dadurch weniger Gelegenheit zum Stolpern besteht.

Mein Pferd läuft immer los, wenn ich aufsitzen will. Wenn ich das korrigiere, steigt es und dreht sich blitzschnell herum. Was ist los?

Max antwortet: Es hört sich an, als ob Ihr Pferd ein Zahnproblem hätte (wahrscheinlich ein weit hinten sitzender Zahnhaken) oder sich im Genickbereich einen Nerv eingeklemmt hätte. Steigen und schnelles Abwenden sind klassische Symptome für diese Probleme. Das Pferd reagiert so heftig, weil Sie ihm große Schmerzen zufügen, wenn Sie es am Weglaufen zu hindern versuchen.

Es kann sein, dass das Pferd sich aus Gewohnheit immer noch so verhält, nachdem ein qualifizierter Therapeut und ein Pferdezahnarzt diese körperlichen Probleme als Ursache von Fehlverhalten ausgeschaltet haben. Dann sollten Sie es mit dem Druckhalfter arbeiten und ihm beibringen, dass es stillstehen muss, wenn man das von ihm verlangt – ohne Reiter. Dann können Sie das

Schmerz oder Lebensfreude? Der Gesichtsausdruck und die Bewegungsmanier des Pferdes sagen einem den Unterschied.

Druckhalfter unter der Trense anlegen und sich einen Helfer hinzuziehen, der das Pferd auf die nun bekannte Weise korrigiert, wenn es beim Aufsitzen losläuft. Sie können sich auch einen Helfer suchen, der das Pferd reitet, während Sie selbst die Bodenarbeit übernehmen. Sobald das Pferd ruhig dasteht, nehmen Sie den Druck vom Halfter und loben es. Dazu sollten nur einige wenige Lektionen nötig sein, weil Pferde schnell lernen, wenn es eindeutig nur eine positive und eine negative Möglichkeit gibt.

Mein junges Pferd stürmt auf die Hindernisse los. Ich dachte, das wäre Begeisterung, aber meine Freundin sagt, genau das Gegenteil wäre der Fall, es würde also losstürmen, damit es das Ganze bald hinter sich hat. Was meinen Sie?

Max antwortet: Beides könnte der Fall sein, und ohne das Pferd und Sie gesehen zu haben, kann ich das nicht sagen. Ihre Freundin hat allerdings in einem Punkt Recht: Pferde stürmen oft deswegen auf Hindernisse los, weil sie Panik haben und das Ganze so schnell wie möglich hinter sich bringen wollen. Das könnte daran liegen, dass das Pferd verwirrt ist und nicht weiß, was sein Reiter wirklich will, aber auch daran, dass es nach einer schlechten Erfahrung dem Springen allgemein skeptisch gegenübersteht, oder dass es irgendwo Schmerzen hat, die bei der Anstrengung des Springens stärker werden. Sie sollten Rücken, Zähne und Sattel des Pferdes von Fachleuten überprüfen lassen, damit das Pferd wirklich die Chance hat, Spaß an dem zu finden, was Sie da von ihm verlangen. Je länger Sie das Ganze auf sich beruhen lassen, desto stärker wird sich bei Ihrem Pferd die Überzeugung festsetzen, dass Springen absolut keinen Spaß macht.

Wie kann ich meinem Jungpferd beibringen, auf meine Schenkelhilfen zu reagieren? Ich bekomme es überhaupt nicht dazu, dass es sich biegt oder seitwärts tritt.

Max antwortet: Ich habe dieses Problem nie, und ich denke, dass das an der vielen Arbeit an der Doppellonge liegt (siehe Kapitel 7). Ich arbeite viel lieber mit der Doppellonge als mit der Longe, die viele andere Ausbilder oft bei Jungpferden einsetzen. Die Longen nehmen wirkungsvoll den Platz der Reiterbeine ein, und man kann den Druck verstärken oder abschwächen, je nachdem, wie das Pferd reagiert. Ich arbeite mit der Doppellonge auf dem Zirkel und baue jede Menge Wendungen und Übergänge mit ein, bis das Pferd wirklich biegsam ist und vorwärts geht.

Ich denke, dass die Antwort darin liegt, Ihr Jungpferd erst einmal an der Doppellonge gut auszubilden und dabei so weit zu gehen, dass das Pferd sich von den Longen nicht nur vorwärts treiben lässt, sondern auch seitwärts tritt. Schnalzen Sie jedes Mal, wenn es vorwärts oder seitwärts gehen soll, mit der Zunge. Wenn Sie dann wieder im Sattel sitzen, begleiten Sie die Schenkelhilfe mit dem Schnalzen, bis das Pferd die beiden Hilfen miteinander assoziiert.

Ich habe gerade damit angefangen, meine junge Stute auf Straßen zu reiten. Sie benimmt sich sehr gut, wenn Fahrzeuge von vorn kommen, aber wenn ein Auto von hinten kommt, erschrickt sie immer sehr. Ein Freund hat mir geraten, einen Zaum mit Scheuklappen zu verwenden, wie Fahrpferde sie tragen. Würde das helfen, damit sie mehr Vertrauen bekommt?

Max antwortet: Ich würde keinen Zaum mit Scheuklappen verwenden. Statt dessen können Sie alle möglichen Futtersäcke, Plastikfolien, Seile und was auch immer an die Stalldecke hängen, so dass sie all diese Dinge berühren muss, wenn sie sich bewegen will. Das ist eine wirklich gute Methode, einem Pferd beizubringen, dass es nicht ständig scheuen kann, und es an Geräusche und Bewegungen von hinten zu gewöhnen. Außerdem wird es so ohne menschliches Eingreifen ruhiger. Hängen Sie die Sachen so auf, dass das Pferd hindurchlaufen muss, wenn es zum Heu, zum Wasser und zur Krippe will, und dass sie das Pferd von hinten berühren, während es frisst. Lassen Sie sich nicht beeindrucken, wenn das Pferd am ersten Tag die ganze Zeit nur in der hintersten Boxenecke steht! Irgendwann wird es anfangen, sich das Ganze anzusehen, und die meisten Pferde finden all die aufgehängten Sachen schließlich sehr interessant und spielen damit.

Umgang

Was muss ich tun, wenn mein Jungpferd sich mit seinem ganzen Gewicht auf mich legt, wenn ich einen seiner Hufe aufhebe?

Max antwortet: Der Grund, warum Ihr junges Pferd sich auf Sie legt, liegt darin, dass es sich unsicher fühlt und sich nicht ganz klar ist über das, was man da von ihm will. Sie müssen einen Schritt zurück gehen und immer nur ganz wenig fordern und dürfen von Ihrem Jungpferd nicht erwarten, dass es den Huf für eine längere Zeit hochhält. Vergewissern Sie sich, dass das Pferd gleichmäßig auf allen vier Hufen steht, bevor Sie anfangen, damit es eine bessere Chance hat, im Gleichgewicht zu bleiben, wenn Sie ihm einen Huf wegnehmen. Sie dürfen nicht versuchen, das Pferd zu stützen, indem Sie sich dagegenlehnen – damit machen Sie das Problem nur schlimmer (siehe Kapitel 3).

Mein Jungpferd hat noch nie eine Stalldecke getragen. Wie mache ich es am besten damit bekannt, ohne ihm Angst einzujagen?

Max antwortet: Ich würde mit einer Sommerdecke oder anderen leichten Decke anfangen, die nicht allzu sehr raschelt. Versuchen Sie nicht, dem Pferd diese Decke sofort auf den Rücken zu legen – es muss daran schnuppern und die Decke sogar anscharren und mit dem Maul bearbeiten dürfen, wenn es das will. Sobald es sich mit dem Material bekannt gemacht hat, legt man die Decke mit ruhigen und sicheren Bewegungen auf seinen Rücken. Es ist wichtig, dass Sie das nicht ganz vorsichtig und heimlich tun und denken, so könnten Sie verhindern, dass es zusammenzuckt – es wird mit viel größerer Wahrscheinlichkeit zusammenzucken, wenn Sie sich anschleichen, und außerdem vermitteln Sie dem Pferd damit den Eindruck, dass es da etwas gibt, weswegen man ganz vorsichtig

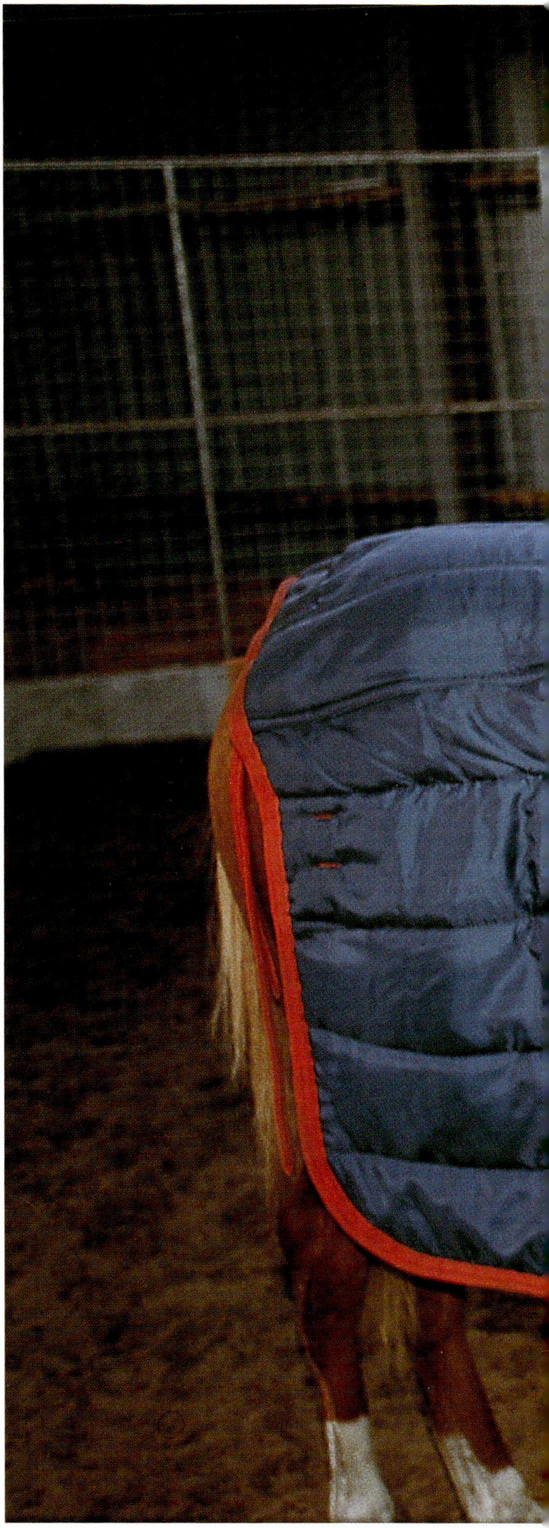

Junge Pferde sind von Natur aus neugierig, wenn ihnen etwas Neues begegnet – vor allem dann, wenn man darauf herumkauen kann **(Your Horse-Magazine).**

tun müsste! Wenn das Jungpferd damit gut klarkommt, können Sie auf dieser Grundlage aufbauen und die Decke so lange abnehmen und wieder auflegen, bis auch das kein Problem mehr ist. Dann können Sie auf schwerere Decken umsteigen.

Wenn das Pferd sich gar nicht mit der Decke anfreunden kann, hängt man sie an der Stalldecke über der Box auf. So kann das Pferd sich an das Gefühl gewöhnen, mit dem die Decke über seinen Rücken streicht, ohne dass Sie dabei sind.

Mein Pferd lässt sich relativ gut verladen, gerät aber in Panik und schlägt aus, wenn die Rampe hochgeklappt wird. Ich habe versucht, einen Helfer mit einer Gerte hinter das Pferd zu stellen, der es vorwärtstreibt und vom Rückwärtslaufen abhält, aber das Problem scheint immer schlimmer zu werden.

Max antwortet: Das Schlimmste, was man mit einem Pferd machen kann, das sich nicht verladen lässt oder das Angst bekommt, wenn man die Rampe hochklappt, ist, es mit der Gerte zu schlagen. Anstatt vorwärts zu gehen, wird es die Aufmerksamkeit noch mehr auf das richten, was hinter ihm vorgeht, und wird das Gefühl haben, es müsste jetzt ausschlagen oder rückwärts stürzen, um sich zu verteidigen. Als Fluchttier würde es als erstes die Möglichkeit wählen, wegzulaufen, aber die Rampe versperrt ihm den Weg. Also ist es ge-

Dieses Pferd beginnt, wenn auch widerwillig, die Rampe hinaufzugehen. Die Besitzerin hat aber unglücklicherweise die Aufmerksamkeit des Pferdes nach hinten auf die bereitgehaltene Gerte gezogen. Es erstaunt nicht weiter, dass das Pferd auf diesen unverdienten Angriff von hinten heftig reagiert. Eine solche Behandlung macht das Pferd nur noch nervöser, wenn es ans Verladen geht, und wird es wahrscheinlich nicht gerade zur Mitarbeit veranlassen.

zwungen, auf andere Methoden zurückzugreifen, um sich vor etwas zu retten, was es als bedrohliche Situation sieht. Der Selbsterhaltungstrieb des Pferdes ist sehr stark, deswegen hat diese Spezies auch so lange unter so vielen Raubtieren überlebt. Wenn man versucht, ein Pferd zu verladen, muss man seinen Fluchtinstinkt respektieren, dem Pferd aber durch bestimmte und einfühlsame Behandlung zu verstehen geben, dass Hängerfahren kein Grund zur Panik ist.

Derzeit bedeutet der Lastwagen für Ihr Pferd eine ungemütliche Situation, und das bestätigen Sie ihm noch, indem Ihr Helfer ihm gerade in dem Augenblick eins mit der Peitsche überzieht, in dem das Pferd versucht, seine Angst zu überwinden und das Richtige zu tun! Arbeiten Sie mit dem Druckhalfter noch einmal an den Grundlagen (Kapitel 10). Sobald das Pferd im Lastwagen steht, machen Sie ihm klar, dass das ruhige Stehen im Hänger und das Ausladen ebenso wichtig sind wie das Verladen. Anstatt den Helfer mit einer Gerte auszurüsten, lassen Sie ihn die Hinterhand des Pferdes streicheln und klopfen, sobald es im Hänger steht, so dass ihm klar wird, dass von hinten nichts kommen wird, wovor es Angst haben müsste. Aus Sicherheitsgründen sollte der Helfer eine Reitkappe tragen und sich seitlich hinstellen.

Mein Pferd lässt sich gut verladen und hat kein Problem mit dem Hängerfahren, aber wenn man angekommen ist, stürmt es aus dem Hänger und springt buchstäblich von der Rampe.

Max antwortet: Dies lässt sich letzten Endes auf die Tatsache zurückführen, dass das Pferd keinen Respekt für Sie als seinen Pfleger und Führer empfindet und ganz absichtlich vergessen hat, dass rund um den Menschen eine Individualdistanz

Lassen Sie sich nicht davon abhalten, Ihr Hengstfohlen als Hengst aufzuziehen. Dies kann eine ungeheuer bereichernde Erfahrung sein. Bei gutem Umgang sollte ein Hengst genügend Disziplin zeigen, um sich führen zu lassen, ohne dass mit dem Gebiss Druck gemacht werden muss, um ihn zu kontrollieren **(Your Horse-Magazine).**

existiert, die es respektieren müsste. Es ist nicht hinnehmbar, wenn ein Pferd seinen Menschen am Strick hinter sich herzerrt, weil irgendwann einer von beiden verletzt werden wird.

Zweifellos spiegelt dieser Mangel an Respekt sich auch in anderen Ausbildungsbereichen wider, vielleicht in seinem Verhalten im Stall, obwohl es am deutlichsten wird, wenn es aus dem Hänger kommt. Ein vernünftig an Halfter und Geführtwerden gewöhntes Pferd ist sich immer seiner Manieren und des Individualbereichs rund um seinen Menschen bewusst, egal, wie die Situation ansonsten aussieht. Bevor Sie dieses Pferd wieder in einen Hänger laden, müssen Sie sich auf dem Boden wieder seinen Respekt sichern. Sehen Sie sich Kapitel 3 noch einmal an, wo die Gewöhnung an Halfter und Geführt-Werden beschrieben ist, und benutzen Sie ein Druckhalfter, damit das Pferd Ihnen zuhört. Sobald die Aufmerksamkeit des Pferdes Ihnen sicher ist, sollte es Anzeichen dafür zeigen, dass es Ihre Körpersprache wahrnimmt und bereitwilliger darauf reagiert, anstatt Sie zu ignorieren. Nun können Sie es wieder in den Hänger bringen und dort sein Fehlverhalten weiter korrigieren, wobei Sie Körpersprache und das Druckhalfter einsetzen sollten, bis das Pferd seine Angewohnheit ablegt.

Mein Pferd gibt problemlos die Hufe, zieht sie mir dann aber weg. Ich kann sie nicht festhalten. Was kann ich tun?

Max antwortet: Das Ganze kann damit anfangen, dass ein junges Pferd den Huf wegzieht, weil es aus dem Gleichgewicht kommt und sich unsicher fühlt und Angst hat, umzufallen. Zunächst ist das also verständlich, kann aber zur Angewohnheit werden, so dass das Pferd selbst dann seinen Huf wegzieht und nicht auf das Loslassen des Menschen wartet, wenn es eigentlich schon recht gut auf drei Beinen stehen kann. Es ist sehr schwierig, dann das Bein festzuhalten, und auch nicht wirklich empfehlenswert; so geschieht es leicht, dass das Pferd sich durchsetzen kann.

Vergewissern Sie sich, dass das Pferd kein Problem damit hat, sich an den Beinen berühren zu lassen, und dass es zu Beginn des Hufe-Hebens gleichmäßig auf allen vier Beinen und im Gleichgewicht steht. Erwarten Sie nicht von ihm, dass es den Huf sehr lange hochhält und geben Sie sich selbst die Chance, den Huf abzusetzen, bevor das Pferd ihn wegzieht. Positives Verhalten muss sofort belohnt werden. Auf diesem Prinzip können Sie weiter aufbauen, bis Sie den Huf für längere Zeit hochhalten können.

Ich würde mein Hengstfohlen gern als Hengst aufziehen; wie denken Sie darüber? Wenn er gelegt werden soll, wann ist dann der beste Zeitpunkt?

Max antwortet: Hengste zu halten, ist verantwortungvolle Aufgabe, die mit viel Entschlossenheit und harter Arbeit verbunden ist. Der wichtigste Faktor ist dabei, wo das Pferd gehalten wird, denn es gibt gewisse, offensichtliche Probleme, wenn der Hengst beispielsweise in der Nähe von Stuten auf die Weide gehen soll. Die meisten Menschen sind der Auffassung, Hengste seien ungezogen und aggressiv, so dass sie Hengste entweder isolieren und ignorieren, sie ärgern, oder sie ausgesprochen aggressiv behandeln, weil sie fälschlicherweise glauben, das Pferd würde sie deswegen besser respektieren und dieses Verhalten würde verhindern, dass das Pferd »frech wird«.

Hengste sind aber ganz im Gegenteil Wesen, die Gesellschaft und Spaß lieben. Es ist unnatürlich, dass sie getrennt von den anderen Pferden leben sollen. Die Frustration darüber, in einer solchen Situation leben zu müssen, kann durchaus zu der Art von Verhalten führen, die man damit eigentlich vermeiden wollte. Wenn Sie eine bestimmte, faire Behandlung gewährleisten können und bereit sind, dem Hengst zusätzliche Zeit und Hingabe zu widmen, kann das enorm lohnend sein, weil Hengste loyal und intelligent sind und die Arbeit mit ihnen wirklich Spaß macht. Wenn nicht, ist es ratsam, ein Hengstfohlen kurz nach dem Absetzen legen zu lassen, am besten zu einer Zeit, in der wenig Fliegen unterwegs sind.

Verhalten

Mein Pferd ist kopfscheu. Gibt es außer sanfter Überredung noch etwas, das helfen könnte?

Max antwortet: Am Ende des Kapitels über Fehlstarts sehen Sie ein Bild eines Pferdes, das in einer Box steht, in der alle möglichen »bösen« Gegenstände über der Krippe und in der ganzen Box hängen. Es ist ein guter Anfang, wenn man das Pferd auf diese Art mit seinen Ängsten konfrontiert und es dazu bringt, sich der Sache zu stellen. Der nächste Schritt besteht darin, es einfühlsam, aber bestimmt am Kopf zu berühren. Sie dürfen nicht zulassen, dass das Pferd Sie abschüttelt, wenn Sie versuchen, einem kopfscheuen Pferd eine Hand auf den Kopf zu legen – lassen Sie die Hand dort, bis das Pferd merkt, dass es die Menschenhand nicht loswerden kann wie eine lästige Fliege. Wenn das Pferd mit seinen Versuchen aufhört, den Menschen abzuschütteln, ist der richtige Zeitpunkt gekommen, die Hand wegzunehmen und damit das Pferd für seine positive Reaktion zu belohnen.

Der Bereich rund um die Ohren ist bei einem kopfscheuen Pferd normalerweise am empfindlichsten; arbeiten Sie sich deshalb mit steigendem Vertrauen mit der Hand immer höher, bis Sie rund um die Ohrbasis und schließlich auch die Ohrspitzen streicheln können. Diesen Vorgang sollten Sie so oft wie möglich wiederholen, auf jeden Fall einmal am Tag; bei wirklich schweren Fällen kann das mehrere Wochen dauern. Geduld und Konsequenz sind das einzige, was hilft.

Mein Pferd scheint etwas gegen Männer zu haben. Kann man da etwas machen?

Max antwortet: Diese Behauptung hört man öfters. Allerdings spielt hier meist die Phantasie des Besitzers mit, und ich habe selten ein Pferd getroffen, das wirklich keine Männer mag – außer, es wurde von einem Mann schwer mißhandelt. Trotzdem kann es in manchen Fällen passieren, dass ein Pferd nach einer unerfreulichen Erfahrung mit einem Tierarzt oder Schmied Männern nicht mehr traut. Die Antwort liegt dann darin, dass man es so oft wie möglich männlicher Gesellschaft aussetzt, bis dem Pferd klar wird, dass es nichts zu befürchten hat. Bitten Sie jeden Mann, der in den Stall oder auch nur in die Nähe des Stalles kommt, mit Ihrem Pferd zu reden, sich mit ihm zu beschäftigen und es zu streicheln, ob dieser Mann nun Interesse an Pferden hat oder nicht.

Danksagungen

Mein Dank gilt Monty Roberts, der mir die Augen dafür geöffnet hat, was für Möglichkeiten es gibt; meiner Frau Sam für ihre Unterstützung und die harte Arbeit hinter den Kulissen; Jo Sharples, die meine Gedanken und Ansichten in Worte gefasst hat; Bob Atkins, der verstanden hat, wonach ich suchte, und dies auf Film gebannt hat; Lucy Emerick, Jo Charlwood und Kiara Lyongs, die sich in meiner Abwesenheit um den Stall gekümmert haben; Andy Andrews, ein ständiger Quell des Wissens und der guten Ratschläge; Barry Horne und Teresa Curtis, die uns erlaubt haben, ihre Jungpferde zu fotografieren; und schließlich all den »Problempferden«, die bewiesen haben, dass meine Methode gut ist, und die dieses Buch nötig gemacht haben.
Richard Maxwell

Für meine Stute Bon Espoir, die so viele Fragen gestellt hat, und für Max und Marjorie Armstrong, die mir die Antworten gegeben haben.
Jo Sharples

Stichwortverzeichnis

Setzen Sie aufs richtige Pferd!

CAVALLO bringt frischen Wind in die Reiterszene. Jedes Heft bietet Dutzende von Ratschlägen, wie Sie Ihr Pferd besser verstehen, füttern oder erziehen können. Oder wie Sie seine und Ihre Leistung steigern. Und deshalb angenehmer reiten.

CAVALLO hat manchmal auch unbequeme Meinungen und packt gern heiße Eisen an.

CAVALLO testet jeden Monat neue Reitschulen und schreibt, was sie taugen. CAVALLO testet Sättel, untersucht Futter oder berichtet über die neuesten Entwicklungen der Pferdemedizin.

Wir schicken Ihnen gern ein Heft zum Testen. Kostenlos natürlich! Postkarte genügt – oder Fax oder e-mail schicken.

CAVALLO
Das Magazin für aktives Reiten

CAVALLO, Scholten Verlag,
Postfach 10 37 43, D-70032 Stuttgart,
Fax (0711) 236 04 15
e-mail: redaktion@cavallo.de
Internet: www.cavallo.de

Harmonie mit dem Pferd

Klaus Schöneich/Gabriele Rachen
Anatomisch Richtiges Reiten
In dieser Anleitung zeigen Profis den Weg zu Balance und Harmonie mit dem Pferd. Dazu gibt's viele Tipps zu Longenarbeit, Hufbehandlung und Betreuung durch den Tierarzt.

160 Seiten, 89 Bilder
Bestell-Nr. 41274
€ 32,–/sFr 55,50/€(A) 32,90

Heather Moffet
Besser reiten mit Gefühl
Heather Moffett zeigt, wie man durch feines Hinspüren zu einem harmonischen Miteinander mit seinem Pferd kommen kann. Sie erklärt, wie sich der reiterliche Sitz auf das Pferd auswirkt, wie man seine Haltung und sein Gefühl für die Bewegungen des Pferdes verbessert und mit leichten Hilfen auf das Tier einwirkt.

158 Seiten, 196 Bilder, davon 90 in Farbe, 33 Zeichnungen
Bestell-Nr. 41344
€ 26,–
sFr 46,–/€(A) 26,80

Christa Arz
Bodenarbeit
Ob Spring- oder Westernpferd, Turniercrack oder Knuddelpony – Bodenarbeit ist für jedes Pferd ein Muss. Dieses Buch stellt die verschiedenen Methoden der Bodenarbeit vor – von der Grunderziehung am Halfter über die Arbeit mit Gebisszäumung bis hin zum freien Training im Round Pen und zur Langzügel-Arbeit.

192 Seiten, 93 Bilder, davon 86 in Farbe
Bestell-Nr. 41339
€ 22,–/sFr 39,–/€(A) 22,70

Sally Swift
Reiten aus der Körpermitte
Pferd und Reiter im Gleichgewicht: Mit dem Pferd verwachsen sein, seine Bewegungen fließend mitvollziehen – so macht Reiten Spaß.

212 Seiten, 92 Bilder, 105 Zeichnungen
Bestell-Nr. 40956
€ 30,–/sFr 52,–/€(A) 30,90

Mary Wanless
Die Wanless-Methode
Hier steht drin, was man wissen und beachten muss, damit das Pferd auch schwierige Lektionen willig ausführt.

272 Seiten, 88 Zeichnungen
Bestell-Nr. 41266
€ 26,–/sFr 46,–/€(A) 26,80

Ihr Verlag für Pferde-Bücher

Gewerbestraße 10, CH-6330 Cham
Postfach 4161, CH-6304 Zug
Telefon ++41(0)41 740 30 40
Telefax ++41(0)41 741 71 15

Müller Rüschlikon

Stand Januar 2002 – Änderungen in Preis und Lieferfähigkeit vorbehalten